U0108451

新雅
名人館

···詩聖···

杜 甫

編著 宋詒帆

新雅文化事業有限公司
www.sunya.com.hk

新雅 ● 名人館

詩聖 **杜甫**

編　　著：麥曉帆
內文插圖：李祥
封面繪圖：李成宇
策　　劃：甄艷慈
責任編輯：周詩韵
美術設計：何宙樺
出　　版：新雅文化事業有限公司
　　　　　香港英皇道499號北角工業大廈18樓
　　　　　電話：（852）2138 7998
　　　　　傳真：（852）2597 4003
　　　　　網址：http://www.sunya.com.hk
　　　　　電郵：marketing@sunya.com.hk
發　　行：香港聯合書刊物流有限公司
　　　　　香港新界大埔汀麗路 36 號中華商務印刷大廈 3 字樓
　　　　　電話：（852）2150 2100
　　　　　傳真：（852）2407 3062
　　　　　電郵：info@suplogistics.com.hk
印　　刷：中華商務彩色印刷有限公司
　　　　　香港新界大埔汀麗路 36 號
版　　次：二〇一六年七月二版
　　　　　10 9 8 7 6 5 4 3 2 1
版權所有‧不准翻印

ISBN:978-962-08-6591-6
© 2005, 2016 Sun Ya Publications (HK) Ltd.
18/F, North Point Industrial Building, 499 King's Road, Hong Kong
Published and printed in Hong Kong

　　杜甫是中國歷史上最偉大的詩人之一，被人們冠以「詩聖」的美名。

　　杜甫於 712 年生於河南鞏縣，字子美，他自幼好學，七歲便能作詩，十九歲開始漫遊吳、越、齊、趙一帶，以廣交朋友，增長見識。三十五歲時，他滿懷報國熱忱到長安赴考，求取功名，不料因奸臣李林甫從中作梗，考試失敗。後來，杜甫受任為左拾遺，又因直言上諫而被貶華州，任司功參軍。自此，他再也看不到自己政治上的前途，不久就棄官西行，定居在四川成都，開闢了杜甫草堂。這所簡陋的草堂已成為中國文學史上的一塊聖地。晚年的杜甫生活更是困苦，他於 770 年在一條小船上去世。

　　杜甫在世的五十九年中，經歷了唐朝由盛到衰的時期，也經歷了著名的「安史之亂」。急劇動蕩的社會變遷，自身仕途坎坷的不幸經歷，都使杜甫對日趨黑暗的時政不滿。為此，他發出了「朱門酒肉臭，路有凍死骨」的怒喊，也發出了「安得廣廈千萬間，大庇天下寒士俱歡顏」的祈願。

杜甫的一生是一個不能避免的悲劇，他渴望施展抱負、報效國家的理想，與現實發生了巨大的碰撞，注定了他失意受挫，蹉跎終生的悲劇命運。不過，也正是這種性格悲劇和歷史悲劇的交織鑄造了杜甫的詩魂，奠定了他在中國文學史上「詩中聖哲」的崇高地位。

　　杜甫的一生創作豐富，可惜在歷史的風雨中遺失不少，流傳至今的尚有一千四百五十多首。杜甫詩歌具備一種嚴肅的批判精神和寫實精神，體現了他強烈的憂國憂民的情懷，它們大膽而尖銳地揭露了朝廷的腐朽，廣泛而真實地反映了人民的苦難和社會矛盾，相當深刻地顯示了唐朝由盛轉衰的歷史進程，因而被稱為「詩史」。

　　如今，杜詩的影響已超出了國界，被翻譯成多種文字，在亞洲、歐洲許多國家廣泛流傳。1962 年，世界和平理事會將杜甫定為世界文化名人。杜甫及其偉大的詩篇，不僅是中華民族的驕傲，也是全世界共有的精神財富！

目錄

一 少年得志

　　河南鞏縣城東二里的瑤灣村山明水秀，村前是一片草木蔥蘢的開闊平原，村後是一座高聳入雲的挺拔山峯。那山十分奇特，三座山峯拔地而起，形成一個「山」字形的筆架，被附近一帶的人稱為「筆架山」。在歷史上，這裏曾經出過不少有名的文人墨客，當時光來到了唐睿宗太極元年（712年），又有一位將在中國數千年文明史上留下濃重一筆的人物，降生在這個不尋常的村莊。

　　這一年的除夕之夜，瑤灣村的家家戶戶，都在按照當地的習慣圍爐守歲。天快亮的時分，筆架山左峯下的杜家忽然傳出了陣陣響亮的嬰兒啼哭聲。杜家是書香世家，剛年過三十的主人杜閒曾做過奉天縣令，現在任職兗州司馬。夫人崔氏生下了個眉清目秀的男孩，杜閒十分高興，見兒子活潑可愛，想到古代男子常以「甫」字作為美稱，便

縣令：
古代官名，縣級行政長官，相當於現代的縣長。

司馬：
古代官名。唐朝時是軍中高級將領的稱謂，地位在將軍之下。

給他取名為杜甫。以後待到杜甫成人，又取了個字，叫子美。

　　杜甫小時候面容清瘦，體弱多病，但那雙大大的眼睛卻閃爍着動人的神采。不幸的是，杜甫的母親過早去世，父親又長年在外任職，幼年的他不得不寄養在洛陽的二姑母家中。

　　姑父在朝中做官，姑父和姑母對小杜甫很好，把他看作是自己的親生兒子。姑母自幼學得些詩文，閒暇時便口授一些古詩、歌謠，讓杜甫和她的兒子一起跟着唸。四歲的小杜甫記憶力強，唸幾遍就能夠背誦。他覺得這些詩歌誦讀起來琅琅上口，就像音樂一般的好聽，因此越讀越有興趣。

　　姑母發現，小杜甫資質聰慧，領悟力強，比同齡孩子早熟些，於是更有意識地教他識字、讀書，給他講解《夸父追日》、《嫦娥奔月》、《愚公移山》一類的故事和傳說。

　　一天，姑母教小杜甫唸《長歌行》，當教到「百川東到海，何時復西歸？少壯不努力，老大徒傷悲！」時，她對小杜甫說：「人的一生不過幾十年而已，時光就像江河裏的水流一樣一天一天地流走，再也不會回來了。你們如果每天只知道貪玩，不努力去學習，將來老

了，沒有學識，沒有成就，到時就只有後悔和悲傷。」小杜甫聽了，連連點頭，銘記在心。

小杜甫聽完《愚公移山》的故事後，問姑母說：「愚公真的能感動天神，把那麼大的山搬走嗎？」

姑母說：「怎麼不能呢？古語說，世上無難事，只怕有心人嘛。」

「什麼叫有心人呢？」小杜甫問。

「有心人就是有志氣的人，有志氣的人只要認定了一件事情對大家有好處，就會堅持到底去完成，即使是遇到再大的困難都不會放棄。不達目的，決不罷休。」

小杜甫說：「我也要做一個有心人。」

姑父的書房是小杜甫最喜歡去的地方，那幾個又高又大的書櫃裏面裝滿了層層疊疊的書，書中的文字他大多都看不懂，他就看書中的圖畫。那些生動的花鳥蟲魚，每次都令他看得如癡如醉，給他帶來了很多的歡樂。

有一天，小杜甫看見一本書中畫着一隻大鳥，氣勢**非凡**[①]，是他從未見過的，便拿着書去問姑母。姑母說：「這是古代傳說中的鳥中之王，叫做鳳凰。鳳凰不是凡

---

① **非凡**：不同一般，十分出眾的意思。

鳥，牠天性高潔，好比人中的聖賢。傳說鳳凰出現，人間就會出現太平盛世。」小杜甫聽了，似懂非懂地點了點頭。

每逢家裏來了客人，與姑父一起談詩論文時，小杜甫都愛站在一旁細聽。儘管有不少話題他聽不明白，但有時倘若聽懂了一點，便很高興。到七歲那年，小杜甫已經能夠背誦不少古詩，甚至開始纏着姑母姑父教他作詩，姑母姑父便陸續給他講一些關於詩歌的簡單知識。

一天，小杜甫興沖沖地對姑母姑父説：「我背誦一首詩歌給你們聽，好嗎？」接着就一本正經地背着雙手，拖長聲調，一字一句地吟誦起來。

「呵？這是詠鳳凰的詩呢！」姑母聽後，説，「這首詩我還沒讀過，是誰作的？聽起來，這位詩人倒是志氣不小呢！」

姑父説：「唔，這首詩雖然還不夠老練，但才思出眾，倒有些新意。你是從哪裏學來的？」

小杜甫天真地笑了，説：「是我學着作的。」

「什麼？你作的？！」姑父和姑母都大吃一驚，他們萬萬沒有想到，年僅七歲的孩子，竟然能寫出這樣好的詩來。

姑父疼愛地撫着小杜甫的頭，笑着説：「好啊，這

9

麼小的年紀，就能寫出這樣的詩來，有出息！」他轉頭對姑母説，「不簡單啊，看來你們杜氏家門，後繼有人了！」

接着，姑父對小杜甫説：「也該給你講講你們杜家的身世源流了。你知道嗎，你們杜家的祖上，可是很有名望的呀！你要從小修身立志，奮發有為，將來長大成人，才能報効朝廷，大振家邦！」

原來，杜甫的十三世遠祖杜預，是西晉有名的大臣，曾任鎮南大將軍，戰功顯赫，為西晉的統一立過汗馬功勞，之後在江南興修水利發展生產，頗有政績。他博學多才，人稱「杜武庫」，政治、經濟、軍事、曆法、算術、工程等方面都有研究，並鑽研各種經書，造詣很深。

杜家祖籍在京兆杜陵（今陝西西安市東南），杜預的子孫世代做官，杜甫的曾祖父杜依曾任鞏縣縣令，祖父杜審言在武則天當政時任修文館學士，是唐代開國的著名詩人。説到這裏，姑父對小杜甫説：「杜氏家族到了如今，已經不如遠祖那麼興盛了。甫兒呀，繼承先輩遺志，光大門庭的希望，全都寄託在你的身上了，你明

武則天：
唐高宗皇后。中國歷史上唯一的女皇帝，建立國號為周。公元690-705年在位。

白嗎?」

那天,姑父姑母給小杜甫講了很多很多,

那番語重深長的話語,深深地銘刻在小杜甫的心中。七歲的他已經暗下決心,要像鳳凰那樣立志高潔、展翅奮飛,要像先輩那樣勤學上進、建功立業。

姑母是一個樂於助人、沒有私心的女子。

有一次,杜甫與姑母的孩子同時染上了嚴重的流行病,焦心苦慮的姑母雖然擔心自己的兒子,但總是先照顧沒有母親的姪兒,最後姪兒的病漸漸有了好轉,恢復了健康,而她自己的兒子卻沒有救活。

年幼的杜甫當時對此並沒有記憶,但當他長大後從別人的口中得知此事,大為感動。他深念姑母的養育之恩,經常去照料她,直到她去世。杜甫畢生對人間充滿了一種深廣的同情心,這與他早年失去母親而又遇到富有愛心的姑母有很大的關係。

杜甫熱愛詩歌創作並在創作上取得巨大的成就,與他的祖父杜審言的影響分不開。杜審言是唐高宗朝代進士,有很高的文學修養,曾任過不少官職,雖然在政治上沒有什麼作為,但他的才華在當時享有盛名,寫過不少好詩,為當時詩歌形式的確立作過貢獻。杜甫對這位以詩著名的祖父甚為推崇,在詩藝上,他與祖父一脈相

承，不僅在句法、章法上有摹仿的痕跡，而且在意境的構思和意象的塑造上也接受了祖父的影響，更發揚光大了他注重五言律詩創作的傳統，用聯章律詩和五言排律的形式創作出了許多優秀的詩篇，取得了巨大的成就。

從七歲那年寫鳳凰詩開始，杜甫就從來沒有中斷過詩歌的創作，並且越寫越勤奮，越寫越好，到了三十九歲時，他的詩作就有一千多篇。

杜甫十四五歲時，已經成長為活潑健壯的少年，但勤奮好學又使他少年老成，與當時其他少年相比，他已是學業初成，文采出眾，從同輩少年中脫穎而出。姑父也在為他盡早考慮前程，想辦法讓他更多地接觸當時的王公巨卿、文士名流，努力為他今後的功名前途鋪平道路。

杜甫當時年紀雖小，但他的詩文已在文化氛圍很濃的洛陽顯露頭角了。他體味到讀書的無窮樂趣，認為讀書是一種精神享受，他不明白為什麼有些古人讀書要「頭懸樑、錐刺股」，當作是苦差事，倒是孔夫子說得對：「學而時習之，不亦樂乎！」

每當文人學士來訪，姑父都讓杜甫一道到堂前接待，在談詩論文時也讓他在一旁細聽，有時還叫杜甫拿出新寫的詩作呈送客人請求指點。

一天，姑父把杜甫叫到大堂，「甫兒，快來見過崔大人和魏大人。」

杜甫趕緊拜見二位大人，原來堂上坐的是鄭州太守崔尚、豫州太守魏啟心，他們都是當時文壇鼎鼎大名的人物，此時在洛陽閒居。姑父叫杜甫拿來自己新寫的詩賦向他們請教，杜甫雖然自視清高，但是在前輩面前還是非常虛心，他認真等待兩位的評點。沒想到他們讀了杜甫的詩作之後，一個點點頭，欣慰地說：「詩壇新秀，真是不可小看啊！」另一位，更是不住讚歎，誇獎杜甫說：「你的賦已經可以同漢代大賦家揚雄、班固相比了！繼續努力，以後一定大有出息！」

前輩們的賞識極大地增強了少年杜甫進取的精神和強烈的自信心。在前輩的援引下，他時常出入精通音律的歧王李範（唐玄宗的弟弟）和玄宗寵臣崔滌的邸宅，受益不淺。經常聽聽長輩們的隨意談論和指點，杜甫感到大受啟迪，每次總有新的收穫。

姑父還經常帶杜甫參加一些在王公達官府第舉行的宴聚，讓他見見世面。就這樣，生活向他拉開了另一面的帷幕。

在當時的宴飲中，往往會分韻吟詩，互相唱和，儘管杜甫只是在末座奉陪，席上賓客無論資歷、輩分都遠

遠高過他，但每當輪到他時，他都毫不緊張，只需略加默想，思緒便滔滔湧出，一篇佳作一氣呵成，常使滿座吃驚，大家都料不到這個稚氣未脫的翩翩少年，竟如此談吐不凡。

　　就這樣，杜甫在姑父的扶持幫助下逐步跨入了洛陽文人學士的社交圈子，結識了不少顯貴、詩人、才子，其中有些是當時文壇中的老手及著述甚多的飽學之士。不幾年，洛陽的文人學士都知道有這麼一個大有希望的後起之秀。

1. 如何看出杜甫自小便有詩歌創作的才華？

2. 杜甫長大後誰對他的詩歌創作影響最大？為什麼？

二　嶄露頭角

　　杜甫逐漸在洛陽的達官貴人中小有名氣，也從中悟出了「山外有山、天外有天」的道理，知道自己雖然才思如泉，但仍需要不斷地見識和學習，才能真正地出眾不凡。

　　在這些應酬唱和中，杜甫逐漸發現，盛行的一些詩作，雖然詞華聲麗，格律也十分圓熟，初聽還不錯，但細細品味，內容卻空泛，缺乏真切的新鮮感受。有一次在一個宴會上，杜甫一連聽了五位不同的客人吟誦的詩，竟發現其中幾首構思雷同，風格也沒有什麼差別。原來這幾位文士是宴飲中每請必到的常客，成天忙於應酬唱和，除了流連宴飲吟吟詩聽聽曲之外，不再幹別的，生活圈子很窄，思想空虛貧乏，長此以往，詩作自然就像缺乏土壤的花木，趨向枯萎了。

　　杜甫突然猛醒過來，從此對於這種應酬不再那麼熱心了，洛陽的燈紅酒綠，已經不再激發他的詩興。他意識到，不能再把寶貴的光陰消磨在這種浮淺生活之中，成為吟風弄月的**庸人**①。杜甫渴望走出這種狹窄的生活圈

子，投向廣闊的天地，打開眼界，呼吸新鮮空氣，增長新的見識。是啊，既然要做一隻展翅高飛、翱翔萬里的鳳凰，又怎能老是低伏於蓬蒿之下呢！

於是，一個新的想法開始在他的腦海裏醞釀了。

731年春，在洛陽的廣濟渠上，一艘帆船正向東南方向駛去。船頭上，站着一個身穿儒服、青鞋布襪的年輕人，他面容清秀，風姿瀟灑，眺望着遠方。他，就是十九歲的杜甫，正雄心勃勃地開始實現他醞釀了一年之久的計劃——遠遊。

唐代文人一向有漫遊四方、顯揚名聲的風氣。大詩人李白一生中的大部分時光都在遊歷中度過，孟浩然一生遊歷甚廣，足跡遍及湘楚、吳越、川蜀、中原等地，其他如王維、李頎、高適、岑參等莫不如此。杜甫早有「讀萬卷書，行萬里路」的宏願，他要了解大千世界，豐富見聞，剛好他的另一位姑父賀撝在常熟作主簿、叔父杜登在武康任縣尉，需要去拜

主簿：

官名。漢代以後中央各機構及地方郡、縣官府都設有主簿，負責文書簿籍，掌管印鑑。隨着朝代的更替，其職責有所改變。

縣尉：

官名。始於秦，兩漢沿置，掌管一縣的軍事、治安。歷代所置略同。

---

① **庸人**：指沒有作為、沒有專長和能力的人。

訪，藉此可以飽覽吳越秀麗風光、歷史名勝，考察江南的風俗民情。

唐人的漫遊之風其實有實際的目的。在唐代，文人只有一種可以選擇的職業，那就是進入仕途去做官。要進入仕途，如果沒有祖蔭授官，就只有靠參加科舉考試。為了能順利通過考試，應試者們往往在考試前利用各種方式擴大自己的名聲，方式之一就是進行漫遊。漫遊可以擴大交遊的範圍，顯示自己淡泊瀟灑的德行，又可以通過遊歷時的交遊活動把名聲傳播出去。如果是詩人，也會因此寫出視界較為廣遠的詩歌來，從而增加自己的知名度。名聲一旦傳開了，再去考試就比較容易考取了。

杜甫的吳越（今江蘇南部與浙江）漫遊同樣是懷着這樣的目的。振興家邦，為國效力，這些只有考取了功名才可以實現。杜甫從洛陽出發，乘船沿運河，渡長江。一路上，浩蕩江流氣勢磅礴，白浪滔滔一瀉千里，杜甫只覺視野格外開闊，心胸十分舒展，不禁歎道：「寫詩作文，也當像這浩蕩長江，波瀾壯闊，氣象萬千！」

他先到了江寧（今南京），江寧又稱金陵，是六朝古都。他與新結識的年輕士人許八、和尚旻上人一道，遊覽了城北玄武湖，憑弔了石頭城遺址，以及秦淮河畔

的烏衣巷。這期間，他們或品茶下棋，或飲酒賦詩，有時訪問鄉親了解世情民俗，有時欣賞自然風光寄情山水，日子過得逍遙自在。

吳越的風光深深地吸引了年輕的詩人。杜甫來到蘇州這個有着旖旎風光又充滿各種傳說的地方，看着眼前碧綠的湖水在江南輕柔的微風中泛着漣漪，萋萋芳草和茂密樹叢掩映着的古老遺跡，還有那些讓人感慨萬分的斷壁殘垣，聽着潺潺的河水和悠悠的白雲講述那些遙遠的故事。這位從北方過來的年輕人不僅被這湖光山色迷住了，也被東吳各種傳說迷住了。他想像着那些往日的風流人物，自己彷彿也走進了遙遠的古代。這些有趣的故事使他興味盎然，更令他詩興大發，新的詩作不斷誕生。

杜甫一路上盡情遊覽，所到之處皆是秀麗景色，彷彿進入了仙境一般。即使是到了晚年，杜甫每每想起吳越的山山水水，依然情有獨鍾。此次吳越之遊，不但開闊了眼界，增長了見識，豐富了對大自然的感受，還結識了不少朋友。在江南秀麗風光的懷抱中，他的審美情趣有了很大提高，為詩歌創作積累了新鮮素材，打下了良好基礎。

山明水秀的吳越令詩人流連忘返，轉眼間杜甫已經

二十四歲，直到一場進士考試來臨，他才回到洛陽。此後他再也沒有重赴江南，但無論到什麼地方，他都常常回味吳越之行，思念那難忘的一切。

知識門

進士：
科舉時代稱經過殿試考取功名的人。

進士考試並不是一件容易的事，每次投考的兩三千人中，錄取的往往不及百分之一。當杜甫隨着成千的報考者走進陰森森的考場時，他倒是一點畏縮都沒有，相反是充滿了自信。幾年間他的詩文寫作長進很大，周圍的人對他評價都相當的高，寄以很大的期望，眾口一致的讚揚使杜甫自視甚高。在杜甫投考的那一年，進士只錄取二十七名，最後發榜下來，杜甫卻落第了。這給他帶來些許沮喪，但對於年少氣盛的他來説，並不算太大的打擊。不多時，人們又看到一個生氣勃勃、熱情豪爽的青年詩人。

他在洛陽住了不到一年，便又背上行李，踏上了前往齊、趙的行程。

齊、趙相當於現今的山東東北部和河北南部、山西一帶。此時杜甫的父親在山東任司馬，杜甫在悠閒中無憂無慮地遊歷湖光山色，在這一帶的通都大邑、田園山林中一遊就是五年。

杜甫即便是在這樣無拘無束的遊歷中，對前途的渺

茫仍不時縈繞在他的心頭：他渴望儘早走上仕途，像歷史上許多賢士那樣輔助帝王，治理國家，成就一番大事業，做一個青史留名的人物。

但眼下卻沒有絲毫能夠成就這番事業的眉目，考進士不中，父親又不是高官顯貴，周圍又沒有名公巨卿能夠竭力推薦自己，進入仕途的希望在哪裏呢？出路又在哪裏呢？一腔熱血何時才能報効國家呢？何時才有施展才華的機會呢？

一天，杜甫慕名到泰山遊玩。泰山高數百丈，方圓一百六十里，羣山連綿，林木繁茂，四十餘里山路盤曲環繞，直達絕頂。泰山在歷史上名聲很大，被推為五嶽之首，有「岱宗」之尊稱。

當他登上泰山時，極目遠望，只見山巒起伏，大地蒼茫，心中的迷茫傷感此時竟然醞釀成一種噴薄而出、激情昂揚的力量。他不禁從心底裏喊了出來：泰山啊，齊魯大地啊，你就是這樣青蒼一色伸向遠方！自然的造化竟是如此神奇，鬼斧神工創造出如此秀麗的江山！山鳥遠翔，引領着我的目光伸向遠方；當我登上人生的最高峯時，必將是千里江山盡收眼底，曾經是需要仰視的奇峯險山，此時都盡在我的腳下！

此刻，杜甫真正感到了當年孔子「登東山而小魯，

登泰山而小天下」時那種宏大、壯闊、充滿着生命力量的境界。一股激情從胸中湧出，詩句便衝口而出：

岱宗夫如何，齊魯青未了。

造化鍾神秀，陰陽割昏曉。

他讚歎大自然的造化之功，真是神奇，對泰山如此鍾愛，把它塑造得如此美妙。接着，他又記下自己極目而望的情景和感受，山中雲霧層出，令人心胸激蕩。山勢高遠，幾乎要望裂眼眶才能看見歸林的鳥兒：

蕩胸生層雲，決眥入歸鳥。

這時，他身在山麓，不禁神遊絕頂，顧視四周眾山，一切盡收眼底，俯仰天地，豪情壯志油然興起，於是他詠出了這樣的詩句：

會當凌絕頂，一覽眾山小。

這便是流傳百世、被後人譽為「氣骨峥嶸、體勢雄渾」的《望嶽》，它體現了杜甫精神力量的偉大、雄健和執着。

以《望嶽》等詩登上詩壇的杜甫年僅二十四歲，此時孟浩然四十八歲，王昌齡四十七歲，高適和王維均三十六歲，李白三十五歲，杜甫是這一批盛唐詩人中年

紀最輕的。在早已蜚聲詩壇的前輩詩人的作品中，杜甫最早的這批詩也毫不遜色。他一進入詩壇便顯現出自己雄厚的實力，同時帶着一股強勁的衝力一下子走在了前列。

1. 唐代的文人為什麼會有漫遊四方的風氣？

2. 杜甫少年時代的理想是什麼？

三　杜李之誼

　　741年，杜甫從山東回到了河南洛陽，在偃師縣首陽山下建了幾個窯洞，作為他的住所。這就是他後來在詩中常提到的「堰師故廬」、「河南陸渾莊」。這一帶有他祖父杜審言的墓地，他的遠祖晉代名將杜預也埋葬在這裏。杜甫在他十年的漫遊中遊歷了不少秀麗和雄偉的山川，認識了江南和山東的文化，寫出了像《望嶽》那樣的好詩。從此之後詩句便不斷地從他的筆下湧出。但這十年的漫遊並沒有給他打開一條通向仕途的路，他並沒有遇到一個真正能夠幫助他去成就一番大事業的人物，而轉眼間他快三十歲了，到了成家立業的年齡。

　　不久，杜甫結婚了，夫人姓楊，是**司農少卿**①楊怡的女兒。杜甫和他的夫人感情很好，從此相濡以沫，同甘共苦。

　　秋天，伊洛二水泛濫成災，洪水沖毀了許多房舍和農田，杜甫舉目四望，一片汪洋，田園多被淹沒，只有

---

① 司農少卿：官名。

極少樹木還露出一些樹梢，而災民則流離失所，這令他很不安。他暗自發誓，如果有一天能在仕途上得志，一定會努力治水，使黎民百姓不再遭受水患，並且一定要革除朝廷積弊，讓百姓過上太平安樂的日子。

第二年，杜甫的姑母去世了。杜甫對姑母的死極為悲傷，專門為她寫了墓誌銘，真實地敘述了姑母的德行，並且把自己幼年時在姑母家裏生病、姑母犧牲自己的兒子救活自己生命的故事作為一個實例。

這段時期，杜甫往來於首陽山住所與洛陽之間，與上層社會接觸頻繁，並與朝廷顯貴秘書監李令問、駙馬鄭潛曜等常有交往，有不少機會參加顯貴們的宴飲遊樂。鄭氏別墅樓台亭閣的規模宏大，李監宅的陳設奢華，都令杜甫感觸極深，他想：「這種豪侈的生活，得耗費國家多少財力、物力和人力呀！一牀錦褥，要費織女多少工夫？一頓筵飲，要抵耕夫多少辛勞？」這些感觸越積越多，令他的內心十分苦惱，但是在與顯貴們應酬的歡聲笑語

知識門

墓誌銘：
墓誌指放在墓前刻有死者生平事跡的石刻。也指墓誌上的文字。有韻語結尾的銘文，叫墓誌銘。

秘書監：
官名。南北朝末期以後為秘書省之長官，掌圖書著作等事，明朝時廢除。

駙馬：
皇帝的女婿。

中，他又能向誰傾吐呢？

一個時代如果能產生一位偉大的詩人，那就很幸運了，而唐代在700年至770年這七十年裏，卻一下子產生了兩位巨星般的詩人，那就更為難得了。這一對光彩奪目的雙子星，一位是杜甫，另一位是李白。

744年4月的一天，杜甫心懷苦悶，去東都（洛陽）天津橋南的「洛陽酒家」，應友人的邀請參加一個宴會。入席後，他看見高坐首位的人頭戴**角巾**[①]，身穿**葛服**[②]，眉宇軒昂，神清氣朗，尤其是那一雙眼睛炯炯有神，風采非同一般。聽了主人介紹後，杜甫才知道，此人原來就是名聞天下的供奉翰林、大詩人李白！

知識門

翰林：
唐以後皇帝的侍從官。

李白也發現這位坐在末座、面容**清癯**[③]、穿着樸素的年輕人，正不時投來敬慕的目光，於是向主人詢問，得知此人是杜甫，便起身端杯前去敬酒説：「原來你是子美老弟，我久仰你的『會當凌絕頂，一覽眾山小』啊，真是好詩句，今日相逢，請喝一杯！」

[①] **角巾**：古代隱士常戴的一種有棱角的頭巾。
[②] **葛服**：葛是多年生草本植物。葛服，指用葛的纖維織成的布做成的衣裳。
[③] **清癯**：清瘦。

杜甫對此真有點手足無措，沒想到神交已久的大詩人，對自己如此看重，連忙起身舉杯一飲而盡，並連連拱手道：「仁兄高才，下筆可驚風雨而泣鬼神，弟仰慕已久，今日拜識，三生有幸啊！」

兩顆千載一現的明星在廣闊的天宇中偶然相遇了。一個看不慣周圍搖尾乞憐、投機鑽營之徒，一個「安能摧眉折腰事權貴」，心境相似的兩位偉大詩人相見如故，雖然年齡相距較大，但很是投緣。

李白比杜甫大十一歲，字太白，號青蓮居士。李白性格豪放，才氣勃發，把「兼濟天下」作為人生的目標。李白曾以他的詩名為朝廷所聞，被召入長安進入翰林，一時間其作《大鵬賦》人人競相傳閱，家家珍藏一本，洛陽為之紙貴。

相識的第二天，杜甫便去李白的寓所傾心暢談，他們彼此都是那麼的豪放灑脫，各抒懷抱，相見恨晚，不覺談到深夜。

杜甫早就聽說幾年前李白應召赴京，很受皇上器重，名震朝野，可前不久又聽說皇上賜給錦袍黃金，放他還山，不明白其中緣由，便趁此機會探問究竟。

「老弟有所不知，」李白舉杯長歎道，「朝廷奸佞當道，嫉賢害能，哪裏是我輩久留之地？唉，不說也

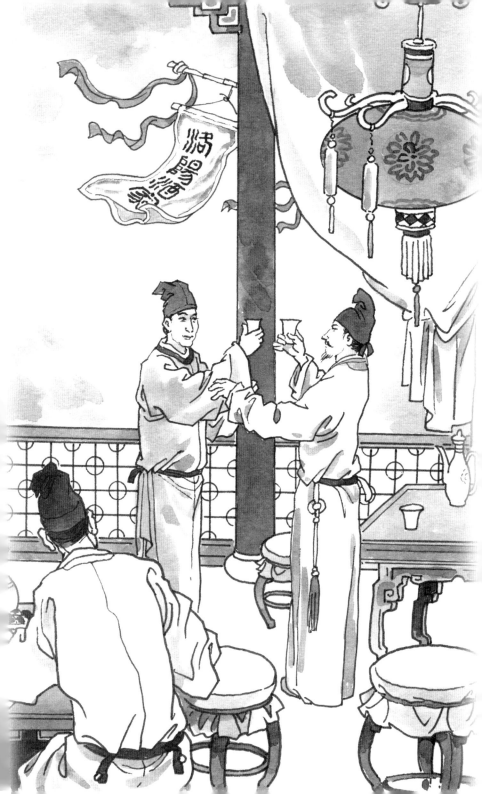

罷！」

　　原來，李白雖然曾受寵一時，但一方面他向來不善阿諛奉承說好話，一方面受到朝中嫉才的小人和霸道的權貴暗算，皇帝很快就對性格疏放、不留情面的他熱情驟減，僅兩年便「帝賜放還」，李白重新過起往日的漫遊生活。

　　李白將杯中的酒一飲而盡，朗聲吟道：「安能摧眉折腰事權貴，使我不得開心顏！」

　　杜甫聯想到這兩年在洛陽接觸到的有關朝廷勾心鬥角的見聞，對李白的遭遇既羨慕又惋惜，心中掠過一絲絲的悲涼。

　　接連幾天，他都與李白在一起，議論時事，談詩說文。李白非常喜好喝酒，自稱「酒中仙」，杜甫也是喜愛飲酒之人，二人每談到興致處便飲酒作詩。酒酣耳熱之際，李白話多了起來，對杜甫說：「當今盛世，歌功頌德者多，忠勸直諫者少，豈容我輩得志？賢弟呀，不如浪跡山林，求仙訪道，落得個清閒自在！」

　　「嗯，嗯。」杜甫不願正面回答。此時的杜甫雖然也風聞朝廷的種種腐敗，知道朝政大有缺失，但畢竟沒有多少切身的體會，依然對聖君賢臣寄予很大的希望，滿腔報國熱忱經常驅動着他躍躍欲試，他相信總有揚眉

吐氣之時。他覺得自己的心境與李白不盡相同，不贊成李白關於避世的主張，但卻十分欣賞李白熱情豪邁的性格和奔放灑脫的浪漫氣質，在知人論世、切磋詩藝方面，更是不可多得的良朋佳友。

結伴作梁、宋（今河南開封、商丘一帶）之遊，也成為了兩人一個共同的計劃。於是在這一年的秋天，他們到了梁宋，巧遇正寄寓在此的詩人高適。高適比杜甫大九歲，在詩壇頗有盛名。

李、杜兩人加上高適，成為快樂的三人遊。他們一路上登高懷古，開懷暢飲，縱情高歌，互訴衷腸，彼此間有了更多的了解，也加深了情誼。三人有時還同往郊外，縱馬狩獵，自得其樂。

三人暢遊之後，高適南行入楚，杜甫陪同李白渡過黃河，登王屋山訪道士華蓋君，想求仙問道，探求煉丹之事。當他們兩人跨入那座白茅蓋的道觀時，只見階前的煉丹爐已經熄滅，原來，煉長生不

知識門

煉丹：
指道教徒用朱砂煉藥。

老丹藥的華蓋君已經辭世死去。黃昏日暮，空山寂寂，顯得一派淒清。

兩人快快而返，又同去齊州。李白飽經滄桑，對人生抱一種超脫的態度。杜甫對李白的思想表示理解，

不過他在對待人生的態度上有自己的認識和追求。這以後，他似乎更積極、更執着，期望步入仕途，大展經邦濟世的宏願，為天下蒼生造福。

之後，杜甫和李白又曾有過幾次同遊，白天攜手同行，醉時共被酣睡。

他們有時隨意地任情談笑、促膝夜話，有時則把酒豪飲，認真地討論文學上的問題。儘管兩人在一些觀點上的看法不大相同，但友情和詩藝卻日益增進，彼此都意識到對方的卓越才華是曠世罕有的。

在最後一次同遊的臨別前，李白送給杜甫一首詩，其中有「何時石門路，重有金樽開？」一句。然而，石門上的金樽並沒有能夠重開，情同手足的這兩位偉大詩人也就從此永別。

一往情深的杜甫後來無論是在長安的書屋，還是在秦州的客舍，或是在成都的草堂，都有思念李白的詩寫出來，而且思念的情緒一次比一次迫切，對於李白的詩的認識也逐漸加深。

李白與杜甫的創作個性雖然相差很大，風格表現不盡相同，志趣亦有差別，但是個性之中本質的東西卻極為相同、相通，都具有一種雄放、張揚、坦蕩、執着的強大藝術感召力，這也是他們彼此成為知己的基礎。

1. 杜甫為什麼能和李白成為知已好友？

2. 杜甫和李白在政治抱負上有什麼不同之處？

四 長安十年

唐代的長安是一座規模宏大的京城，它從582年隋文帝開皇建立後，不斷地發展，到唐朝時到達了極點，京城內隨處可見宮殿府邸、園林廟宇。杜甫在他三十五歲時到了長安，主要目的是希望得到一個官職。

知識門

隋文帝：
名楊堅，隋代建立者，公元604-618年在位。

剛開始，杜甫對自己滿懷信心。第二年他參加了由唐玄宗下詔的應試。這次應試使他原有的信心很快就化為了極度的失望與打擊。由於把持權柄的奸臣李林甫從中作梗，全部應試者無一人錄取。杜甫進長安謀職的希望化為泡影。不要說取得功名，報效朝廷，光大杜氏門楣，就是連生活也成了問題。

杜甫困滯在長安，這麼一呆就是十年，在這十年裏，他得到的是對現實的認識，他在一派虛假的繁華中看到了官場的腐朽，看到了人民的痛苦，由此，杜甫給唐代的詩歌開闢了一片新的疆土。

當時的政治正顯露出日趨腐敗的徵象。唐玄宗李隆

李隆基：
即唐玄宗，公元712-
741年在位。

基已做了三十多年皇帝，在他早年，他勵精圖治，使唐朝進入全盛時期，史稱開元盛世。盛世時經濟相當繁榮，人民安居樂業，國泰民安，經濟水平超過了以往任何一個朝代，居於當時世界先進水平。

可是，太平思想麻痺了玄宗，他終日把自己關閉在宮庭中沉迷聲色，過着驕奢無度的生活。他把一切權力全交給中書李林甫，而李林甫卻是一個口蜜腹劍的陰謀家，他諂媚玄宗左右，忌妒賢才，更一再製造冤獄，誣陷他人，擴張自己的勢力，因此開元時代遺留下來的一些比較正直和有才能的重要官員，幾乎沒有不遭受暗算和陷害的。杜甫所崇敬的張九齡、嚴挺之等，都受到排擠，有的離開京城，有的被罷官，還有的遭到殺害或被逼自殺。

不但如此，唐玄宗還窮兵黷武，一意開拓疆土，發起戰爭，導致國力空虛，民生艱難，許多百姓無辜死亡。當時的社會雖然還維持着表面上的繁榮，可實際上卻已處處埋伏着危機。

杜甫看見達官貴族的府第修得壯觀豪華，門前石獅守護，顯得威嚴氣派，而皇宮更是雕樑畫棟，華麗堂

皇。另一邊，平民百姓卻掙扎在水深火熱之中。

更令杜甫失望的是，皇上重用的竟是一些庸才。一個不學無術的市井小人，只因很會鬥雞，竟被皇上召入宮內委以高官重職，專事鬥雞讓皇上作樂。這件事令杜甫十分心寒，覺得冷了天下賢士的報國之心。

另一件事是皇上竟然把兒媳楊氏玉環納為貴妃，成天只知道享樂，而楊氏的兄長楊國忠原是個市井賭徒，卻被召入朝廷掌握大權。

杜甫在長安居住的時間越長，就越感到壓抑，昔日的豪放很快就蕩然無存了，取而代之的是對過去自由生活的依戀，和對現實的強烈不滿。這時，他的父親在奉天縣令的任上死去，杜甫失去了生活來源，在長安一帶流浪，一天比一天窮困，為維持可憐的生計，他不得不低聲下氣地充作幾個貴族府邸中的「賓客」。

751年，杜甫三十九歲，他不但沒有官場得意，而且生活貧困，身體也漸漸虛弱。命運又跟他開了個玩笑，先給他希望，然後又讓他失望，這樣的打擊對他來說，簡直是雪上加霜。

唐玄宗在751年正月八日到十日的三天內接連舉行了三個盛典：祭祀玄元皇帝、太廟和天地。杜甫正感到走投無路，於是趁機會寫成三篇《大禮賦》，把其中的

《進三大賦表》遞了上去，想不到竟有了效果，唐玄宗讀後十分讚賞，下令讓杜甫在集賢院待命，由宰相對杜甫進行複考。複考時集賢院的學士們圍着觀看，一天之內令他聲名大噪，成為杜甫在長安的十年間最耀眼的時刻。

可是這個幸運只是一閃而過，考試後就一直沒有了下文。之後杜甫還不甘心，又連進了兩篇賦《封西嶽賦》和《鵰賦》，同時大量地投詩給那些他其實並不十分尊重的權要，請求他們援引，但是一切的努力全都付諸東流，原來又是李林甫忌諱賢才，從中作祟，令他永無出頭之日。

杜甫沒有得到想像的結果，一直從春等到秋。這年的秋天，天氣也陰晴不定，彷彿在昭示着什麼。

長安城連續下了許多天的雨，到處牆倒屋塌，杜甫在旅舍裏整整病了三個月，門外積水中生了小魚，牀前的地上長遍了青苔。他的肺本來就不健康，這次又染上沉重的瘧疾。在這種內有疾病困擾，外有仕途坎坷，生活匱乏的現實狀況下，杜甫卻開始了他詩歌創作中新的一頁。

杜甫在三十九歲以前寫的詩，留存下來的並不多，一共約五十來首，其中固然有不少富有創造性的詩句，

但歌詠的對象不外乎個人的遭遇和自然界的美麗與雄壯。但從他三十九歲寫《兵車行》開始，他的詩中出現了被剝削、被奴役的黎民百姓形象，這標誌着杜甫詩歌風格的轉變。

有人説「詩人不幸詩家幸」，意思是説藝術似乎青睞於苦境，越是處於苦難之中磨礪出來的藝術作品，越是深刻、不朽。

處於逆境中的人容易看到現實中的弊病，當一場大崩潰即將到來時，杜甫透過個人的不幸看到了國家的不幸，人民的不幸。

當時，李林甫專政，奸臣弄權，把開元時代的純良政風破壞無餘。邊將們好大喜功，挑動戰爭，卻不斷大敗。為了補充兵額，青壯年經常被**抓丁**[①]，百姓受着納租稅和服兵役的殘酷剝削，十分痛苦。杜甫不止一次親眼看見那些被暴力徵集而來的士兵們開往邊疆、他們的父母妻兒攔路痛哭的情景。

有一次他問一個年紀很大的士兵：「你們將要去哪裏？」士兵哭着回答説：「我十五歲時就到過北方防守黃河要塞，好不容易盼着回來了，如今已經是滿頭白

[①] **抓丁**：強行抓青壯年男子去當兵。

38

髮，又要開往邊疆營田，準備和吐蕃作戰，拋下家裏的田地沒人耕種，可是縣官又來催租，真不知租税從哪裏湊得起來。」

杜甫看着這淒慘的景象，聽着這悲涼的談話，再也遏制不住心頭的痛苦。《兵車行》就是在這一次與士兵接觸後寫成的。這篇為黎民百姓吶喊的傑作，是詩人在創作道路上邁向新的境界的一個起點。

《兵車行》的開頭是一幅悲慘的圖景：

車轔轔，馬蕭蕭，行人弓箭各在腰。
爺娘妻子走相送，塵埃不見咸陽橋。
牽衣頓足攔路哭，哭聲直上干雲霄。

接着他又把批判的鋒芒指向好大喜功的唐玄宗：

邊庭流血成海水，武皇開邊意未已！

意思是説在邊境，士兵們的鮮血已經流成了海水，可是皇上您開拓疆土的野心還沒有個止境。

然後又寫到戰爭導致生產力的下降：

君不聞漢家山東二百州，千村萬落生荊杞。
縱有健婦把鋤犁，禾生隴畝無東西。

戰爭導致田地一片荒蕪，土地裏長滿的都是荊杞。

最後借想像為那些無辜的死者發出悲憤的哭喊：

君不見青海頭，古來白骨無人收。

新鬼煩冤舊鬼哭，天陰雨濕聲啾啾！

一幅人間地獄的慘景！

《兵車行》之後，杜甫又寫出了《前出塞》九首，一再對不正義的侵略戰爭提出疑問。

這些詩注入了全新的社會內容，詩人的思想感情逐漸向人民靠近，他不僅對上層集團的昏庸腐朽有了清醒的認識，而且對下層黎民百姓的苦難睜開了眼睛，把筆觸從個人的感傷憂憤伸向了廣闊的現實社會，對社會不合理現象進行了有力的揭露。

750年，杜甫的長子宗文出世，接着次子宗武降生，杜甫的生活負擔更重了，加上幾年來水旱不斷，到處都是饑荒，物價暴漲，日子過得十分艱難。為了解除眼前的飢餓，杜甫也顧不得將要到來的冬季，把被褥拿去換米。

就這樣熬了五年，到755年，杜甫忽然被委任為河西縣尉。當時的縣尉可以説是有良心的正直文人最難以接受的職位，因為這種官職地位十分低微，卻要處理許多

繁雜、瑣碎的事務，需要卑躬屈膝去奉迎大小官長，毫無自尊可言，還要承受着很大的心理壓力，常常需要對黎民百姓喝斥怒罵甚至鞭打。

杜甫的好朋友高適就曾出任過封丘縣尉，他脫身縣尉時，杜甫曾衷心地為他欣幸，祝賀他從此不用再因被迫鞭打黎民而備受良心的自我譴責了。因此，當他被突然委任為河西縣尉時，雖然掙扎在貧困線上，雖然年已四十三歲仍然沒有一個官職，杜甫還是不加考慮地拒絕了這一委任，因為他不可能讓自己去過那種逢迎長官、鞭打黎民的可恥生活。

不久，杜甫又接到任命，是任右衛率府參軍，任務是看守兵甲器仗，管理門禁鎖匙，職位是正八品下。這個官職不用欺壓黎民百姓，所以杜甫接受了。在此之前，因生活所迫，他已將家屬送往奉先（現陝西蒲城）居住，於是在上任前又到奉先去探視一次妻兒。

當時，正是唐朝建立以來統治集團奢侈生活與黎民百姓所受苦難都達到前所未有的高點的時刻，隨着頻年的水旱成災，百姓的生活比起開元時代好像翻了一個大筋斗，貧富的懸殊一天比一天尖銳。杜甫在十一月裏的一天夜半從長安出發，當時百草凋零，寒風凜冽，手指凍僵，連衣帶斷了都不能結上。

　　一路上，杜甫把這些年的生活概括起來檢討了一番，他想起他在長安時內心常常發生的衝突，本來他可以像李白那樣遨遊江海，但他無法做到那麼超脫塵世，無法不去關心黎民百姓，他希望有一個愛護人民的朝廷，一個好皇帝，所以他捨不得離開長安，如今頭髮白了，身體衰弱了，當年常以拯救天下為己任，可是現在自己只不過是一個看管兵器的小官，自己的理想呢，又到底在哪裏？

　　他一邊走，一邊想，很快就過了渭水，前面就是奉先了，一想到馬上就能和妻兒團圓，他鬱悶而焦急的心不覺舒暢起來。但想到自己對家的照顧不周，不能為妻兒提供更好的生活，不能長期陪伴在他們身邊，他的心裏又升起許多惆悵和愧疚。

　　啊！到了，前面那間有些破舊卻讓人感到溫暖的茅草屋就是自己的家了，可是，明明是晚飯時間，家裏怎麼沒有升起炊煙呢？兒子也沒有在家門口迎接他回來？

　　他帶着疑惑踏進屋裏，眼前的場景讓他一輩子都忘不了：全家人哭作一團，妻子懷裏正抱着一個未滿周歲的孩子，那不正是他的小兒子麼？他面無血色，骨瘦如柴，嘴唇微微抿着——已經因為沒有食物而活活餓死了。

　　杜甫悲痛極了，他感到了巨大的悲哀，他的悲哀並不僅僅停留在小兒子的餓死。他想，自己怎麼說也算是個官，多少還享有些許特權，既不用交納租稅，又不必服兵役，尚不能保證兒子不被餓死，何況平民百姓呢！如今這世界上不知有多少掙扎在死亡線上的窮苦人，他們身受的痛苦不知比自己要多多少倍！

　　想及這些，杜甫的憂愁已經漫過終南山，瀰滿天下了。長安街頭的**餓殍**①，在他的眼前晃動，對黎民百姓的苦痛充滿了同情、對權貴們花天酒地的惡行充滿了憤怒的千古名句，不由湧上了心頭：

　　朱門酒肉臭，路有凍死骨……

　　杜甫把從長安出發到奉先這段路程的經歷和感想寫成了《自京赴奉先縣詠懷五百字》，這是杜甫劃時代的傑作，裏面反映出安史之亂前後社會的實況，反映出杜甫內心的矛盾與他偉大的人格。這也是杜甫長安十年生活的總結，從中可以看到，無論在思想進步方面或是在藝術純熟方面，杜甫都超越了他同時代的任何一位詩人。

---

① **餓殍**：餓死的人。

1. 杜甫對黎民百姓有着怎樣的情感？為什麼他會有這些情感？

2. 假如你是杜甫，家中貧困得沒有糧食，而面前有一份有違你理想和價值觀的工作，你會作出怎樣的選擇？為什麼？

五 流亡歲月

755年，杜甫再回長安，在率府裏工作沒有多久，十一月，平盧、范陽、河東三鎮節度使安祿山在范陽起兵反唐，很快就打到了洛陽，在756年正月自稱大燕皇帝，不久攻破潼關，佔領長安。同時，安祿山的部將史思明佔有河北十三郡地。唐玄宗攜楊貴妃倉惶逃往蜀郡（今成都）。

安史之亂爆發之後，關內風聲一天緊似一天，守軍四散而逃，官員棄郡而走，百姓更是驚慌逃避。長安淪陷時，杜甫離長安到白水（今陝西白水）與家人團聚。誰知一到白水縣，關中大亂，杜甫只好帶領全家隨着逃難的人羣向北逃亡。途中幸好遇到了表姪王砅，兩家人結伴而逃。杜甫出發時還騎着馬，由於難民潮湧，秩序很亂，他的坐騎被人搶走了，只得步行。有一天杜甫在混亂倉惶之中與家人走散了，迷失在蓬嵩荒野。王砅見杜甫走散，急

知識門

安史之亂：
指755年安祿山、史思明發動的叛亂。安祿山殺入洛陽，擊敗唐軍，次年稱帝。叛亂歷七年多才平定，嚴重影響民生，唐朝也由此由盛轉衰。

忙吩咐兩家人慢些趕路，獨自一人往回尋找，找了十多里地，一邊走一邊大喊杜甫的名字，最後總算把他找到了，否則在這兵荒馬亂之際後果實在不堪設想。

王砅將自己的馬讓給杜甫，自己一手提刀，一手牽着韁繩，一路保護着他，趕上了走在前面的兩家人。王砅對於杜甫真可以説有救命之恩，十幾年後，杜甫在潭州（今長沙）遇到王砅，還特意寫了《送重表姪王砅評事使南海》一詩，滿懷深情地追憶表姪救助自己的經過。

杜甫一家繼續向北行進，沒有大車，拖兒帶女在荒郊野地艱難吃力地向前步行，狼狽不堪。此時又值連日大雨，道路泥濘，又沒有遮雨的東西，衣服都濕透了，常常一天也走不了幾里路，總想着逃得越遠越好，所以晚上也不得不趕路。

小女兒夜裏餓急了就直咬父親，杜甫怕她的哭聲會引來周圍的虎狼，便將她緊抱在懷裏，用手捂住她的嘴，卻反令她哭得更大聲。

小兒子也不懂事，看見路邊的李子樹便鬧着要摘來吃。就這樣風雨兼程，白天用野果充飢，夜晚就在野地大樹下睡覺，好不容易才到了白水縣東北六十里的彭衙故城。全家吃盡辛苦，又跋涉了兩天，終於到達了鄜州

（今陝西富縣）附近的同家窪。

杜甫在這裏有一個朋友叫孫宰，當杜甫走進孫家的大門以後，全家人才驚魂稍定。天已經黑了，孫宰急忙點上燈，熱情招待杜甫一家，又是端來熱騰騰的飯菜，又是給他們打來洗腳的熱水，杜甫對此感激不盡。

杜甫一家在孫宰家歇息了幾天之後，便告別了這位熱忱的朋友，經華原（今陝西耀縣東南）、三川（今陝西富縣南）前往鄜州。

在這顛沛流離的日子裏，杜甫創作《後出塞五首》，寫於755年冬天。這組詩通過一個從亂軍中逃脫的士兵的自述，揭露安祿山起兵的陰謀，描繪安史亂軍長驅黃河、洛水流域，所過之處人亡村空，一片劫後景象。他用自己的詩筆真實再現戰爭浩劫，鋪寫人間疾苦。

當杜甫正在荒山窮谷裏奔波流亡時，逃至西蜀的玄宗，路經馬嵬坡時，爆發了「馬嵬坡事變」。756年7月12日，唐肅宗李亨在靈武（今寧夏靈武）即位。杜甫聽到這個消息後，立刻把復興的希望寄託在李亨身上。他把家人安頓在鄜州北三十里

馬嵬坡事變：

安史之亂時，亂軍攻破潼關，直逼長安，唐玄宗倉惶逃蜀，路經馬嵬坡時，眾將領要求殺死奸相楊國忠，並逼唐玄宗將楊貴妃賜死，此即為馬嵬坡事變。

的羌村，自己隻身投奔靈武。誰知他北上路經延州（今陝西延安）時，被安史亂軍**胡人**[①]捉住，押送到淪陷的長安。由於他當時既無地位又無聲名，胡人並沒有把這個滿頭白髮、未老先衰的四十五歲詩人看在眼內，沒有把他像其他一般官吏那樣送到洛陽逼其投降。

不過兩三個月時間，長安這座雄偉的京城就完全失卻了往日面目，昔日統治者的宮殿府邸不是被焚燒就是被胡人強佔，宗室嬪妃以及跟隨玄宗入蜀的官員們留在長安的家屬都一批一批地被殺戮，血流滿街，連嬰兒都不能倖免。但偶然也有剩下來的王孫，隱藏在荊棘叢中，再也不能享受昔日的榮華富貴，連想賣身給人作奴隸都不可能。

胡兵胡將大肆慶祝成功，把禦府裏多年從民間搜刮得來的珍寶用駱駝運往范陽。杜甫昔日的朋友和他投贈過的達官貴人自然也都星散了，有的隨玄宗投往西蜀，有的被虜到洛陽，有的投降了。只有長安的人民，終日過着水深火熱的恐怖生活。

杜甫困居長安，從秋到冬，從冬到春，除去為國家焦愁外，也時常懷念他的家人。他當時的心境，充分地

[①] **胡人**：中國古代對北方和西方各族的泛稱。

表達在那首人人熟悉的《春望》裏:

> 國破山河在,城春草木深。
> 感時花濺淚,恨別鳥驚心。
> 烽火連三月,家書抵萬金。
> 白頭搔更短,渾欲不勝簪。

這首詩把國家的危難、個人的悲愁、對家人的思念都融為了一體,此情此景,真實再現杜甫的身心感受。

757年4月裏的一天,杜甫從城西的金光門逃出長安,前往唐肅宗的暫駐地——鳳翔(今陝西鳳翔)。這次出行,他是冒着很大風險的,因為那時有一股胡人已打到了長安的西邊,屯兵清渠,與唐軍將領郭子儀的軍隊相峙,杜甫穿過兩軍對峙的前線,不能走大道。

不久,肅宗的長子李俶和郭子儀率兵十五萬進攻長安,加上四千名強悍善戰的回紇兵的幫助,打敗了胡人,收復了長安和洛陽,肅宗在當年的十月還京,杜甫也和他的家人一起回到了長安。

知識門

回紇:

即維吾爾族,在天寶初年擊敗突厥,佔有廣大的領土,東至黑龍江,西至阿爾泰山,成為一強大帝國。它的軍事政治的強盛時代延續百年之久,在這百年內和唐朝的關係時而和好,時而敵對。

　　此時，杜甫已被肅宗任命為左拾遺。左拾遺是掌管供奉諷諫和薦舉的職位，屬從「八品」，雖官職不高，卻是皇上近臣，可以上書進言，參與朝廷議事。如果看見皇帝的命令有不便於時、不合於理的，可以提出意見，同時還有舉薦賢良的責任。看起來這是一個相當重要的職務，但卻由一個「從八品上」的官員充當，這說明皇帝並不是需要什麼真正的諫臣，這個官職只不過是他身邊的點綴。

　　但杜甫不這樣想，他自思：「我一定要披肝瀝膽，忠勤國事，上不負君恩，下不負百姓，總算有機會實現多年報効國家的宏願了！」

　　然而令杜甫萬萬沒想到的是，他剛上任不久，就捲入了一場複雜而長期的政治鬥爭之中。這件事影響了他後半生的生活，後來他寄居秦州，滯留西蜀，都與這件事有直接的關係。

　　杜甫與當時的宰相房琯關係很好，很欣賞房琯憂國憂民的政治抱負和忠誠正直的人格，對他受到另一派政府官僚出於私利的政治攻擊而被貶的事抱打不平，認為那些攻擊房琯的人行徑惡劣無恥，於是冒死執行左拾遺的職權，向皇帝上疏援救房琯。誰知這種直言惹惱了皇上，肅宗勃然大怒，說杜甫違抗聖旨，下令交三司調

查，要懲辦他抗旨之罪。

在調查時，杜甫認為自己所講一派忠言，極力辯解，而職掌三司的韋陟等人尚算正派，覺得杜甫所言在理，便向皇上奏道：「杜甫雖言詞激烈，但身為諫臣，情有可原。」皇上見三司不贊成懲治杜甫，便不好過於固執，順水推舟不再深究，但對杜甫已十分反感，認為他脾氣倔強難纏，決意將他調離身邊。

這年閏八月，肅宗讓杜甫回家探親。於是他從鳳翔走了六七百里路回到鄜州羌村與家人團聚。在家時日，他將沿途經歷、所見所聞寫成長詩《北征》，敍事、議論、抒情、描寫諸多手法交錯運用，具體而微地再現了老百姓苦重的災難。

杜甫上任僅三個月，就因為忠於職守而失去了皇帝的信任，肅宗讓他回鄜州探視家屬，實際上是不願意他留在自己身邊不斷諫言、礙手礙腳。不久，房琯再一次被貶，杜甫也被免去左拾遺的職務，被派到華州去當司功參軍，專門管理華州地方的祭祀、禮樂、選舉、醫筮、考課等文教工作。

杜甫離開長安時的心情是十分淒涼的，他覺得自己經過幾十年的努力，好不容易才盼到身列朝班、參與朝政的機會，卻因為這麼一次評諫就斷送了，而成為一個

被朝廷遺棄的人。他當時只認為這是對他政治前途的一個沉重打擊，但他沒有意識到，這一次被貶，實際上使他從那狹窄的天地裏解放出來，對他詩歌創作的發展是一個極大的恩惠，使他從此得到接近戰亂中的人民、認清時代的苦難的機會，從而恢復並且擴充了他的詩的國土，從一個皇帝的供奉官回到人民詩人的地位上。

想一想

1. 杜甫為什麼會失去皇帝的信任？這件事對杜甫後來的詩歌創作有什麼重要的影響？

2. 除了入仕做官外，你認為還有什麼方法可以實現杜甫的理想？

六 蜀道悲歌

在華州任司功參軍期間，杜甫曾往返於洛陽與華州之間，看到戰亂後的故鄉如今一片荒蕪，他寫下了一批表達真實情感的五言詩，這些詩是杜甫在藝術創作方面的一個偉大成就，這成就集中表現在他從洛陽回華州時在路上寫的《三吏》和《三別》。

在從洛陽回華州的路上，杜甫先後經過了新安、石壕、潼關等地，感受到的全部是戰亂和不安，目睹了「兵敗如山倒」的混亂，所看見的都是些丟盔棄甲、正搶劫民眾的潰散士兵以及白髮蒼蒼的老翁老嫗、驚魂未定的征夫怨婦，以及在官吏殘酷驅使下擔受着無處申訴的痛苦的百姓。杜甫身不由己地又一次被捲入逃難的浪潮，他把自己所看到的、聽到的、親身經歷的人民的苦難，凝結成《新安吏》、《石壕吏》、《潼關吏》、《新婚別》、《垂老別》、《無家別》六首詩。

這六首詩自成一組，是杜甫詩作中的傑作，它繼承了《詩經》、漢樂府的傳統，影響了後代的進步詩人。

經過五年的戰亂，人口驟減，壯丁匱乏，唐軍自從

55

相州（今河南安陽）潰敗後，軍隊急需補充，那些一向當慣了統治者爪牙的吏役們為了拼湊兵額，不顧民情，任意捉捕，致使許多家庭遭受了生死分離、家破人亡的慘狀。荒涼蕭條的大道上嗚咽着使人難以忍受的哭聲，這現象便反映在杜甫的這六首詩裏。

杜甫離開洛陽，路過新安時，聽到一片亂嚷嚷的點兵聲音，原來新安縣人口少，成丁早就沒有了，只好徵用未成年的「中男」，他親眼看見一羣孩子被趕入軍中，是那樣的悽慘。

於是，他作了一首《新安吏》，表達對受難的人民的極其真實、深切的悲憫之情：

> 肥男有母送，瘦男獨伶俜；
> 白水暮東流，青山猶哭聲。
> 莫自使眼枯，收汝淚縱橫！
> 眼枯即見骨，天地終無情。

杜甫在路上看見一個老人，子孫都陣亡了，自己如今也被徵去當兵，老妻臥在路旁啼哭，她知道丈夫這一去不會再有回來的希望；還有新婚的少婦，洞房的第二天早晨，丈夫就被召去守河陽，她自己覺得嫁給征夫，還不如委棄在路旁；還有從相州戰敗歸來的士兵，回到

故土，但見家園被蒿藜埋沒，當年同鄰里的人們不是死了化作泥土，就是東西分散沒有消息，當他扛起鋤頭去耕種久已荒蕪的田畦時，縣吏聽説他回來了，又要徵他去在當地服兵役。這三個人，杜甫每人都為他們寫了一首詩，用他們自己的口吻，訴説他們自身的痛苦。但是杜甫終究是「憂國」的，訴苦訴到極深切時，一想到國家的災難，便立即轉變出振奮的聲音。他寫那位結婚才一天的新娘送丈夫參軍，詩中既寫出了她的悲哀：「君今往死去，沉痛迫中腸」，又以較多筆墨描繪這位女子「深明大義」的形象。

就是那家人喪盡的士兵，在他的自述中也是一方面感到淒涼，一方面安慰自己：雖然又被縣吏召去當兵，但只是在本州服役，與昔日的遠征相比，畢竟好一些。

總之，杜甫雖看見人民受了那麼多統治者給予他們的災難，但因為胡人的勢力又膨脹了，他認為國難當頭，應為國家着想。他總是鼓勵他們、安慰他們。只有《石壕吏》一詩例外。

一天傍晚，杜甫來到河南陝縣的石壕村，找了個窮苦的農夫家投宿，由於趕路疲乏，他倒在牀上很快就入睡了。

「砰，砰，砰」，一陣敲門聲突然把他驚醒了，

57

他定了定神，才聽清原來有差吏正邊敲門邊嚴厲地呵斥道：「快開門，抽丁啦！」

他側耳細聽，屋內有個老婦在低聲地催促老伴：「快，快翻牆逃走！」過了一會，又聽見老婦在哀求，而差役則怒氣沖沖地大罵。

老婦哭着說：「屋裏只有我一個還在吃奶的孫子和她的母親，她穿得太破爛了，見不得人的……罷罷罷，你們不要再打了，實在要徵兵的話，就徵我去給你們做飯去吧……」

天明後，杜甫離開石壕村時，只能與那位翻牆逃走的老翁告別了——老婦人果真被差吏拉走了。

杜甫親身經歷了這件事，感到十分的憤慨，再也說不出什麼鼓勵、安慰的話了，他寫出《三吏》中的一首：《石壕吏》：

暮投石壕村，有吏夜捉人。

老翁踰牆走，老婦出門看。

吏呼一何怒，婦啼一何苦！

聽婦前致詞：「三男鄴城戍。

一男附書至，二男新戰死。

存者且偷生，死者長已矣。

室中更無人，惟有乳下孫。

有孫母未去，出入無完裙。

老嫗力雖衰，請從吏夜歸。

急應河陽役，猶得備晨炊。」

夜久語聲絕，如聞泣幽咽。

天明登前途，獨與老翁別。

　　這首詩既不寫景，也不抒情，又無議論，只是用白描的手法客觀真實地描述了事件的經過，但其中充分表達了詩人感受到的人民的最深的痛苦，深刻而形象地揭露了當時尖銳複雜的社會矛盾，言有盡而意無窮。這首詩一再被後人傳誦，只因為它最真實地告訴我們，過去封建社會的統治者是怎樣對待他們的人民的。杜甫有這樣的成就，完全由於他接近了人民，這是他半年前在長安出入宮廷侍奉皇帝時所想像不到的。

　　759年夏天，關內久旱不雨，造成嚴重的災荒，田地裏一片荒蕪。史思明在相州打敗唐軍後，殺死安慶緒（安祿山的兒子），回到范陽，自稱大燕皇帝，準備攻取河南。形勢一片混亂。杜甫又親眼看見一般的官吏是怎樣對待人民的，對於當前的政治又有了進一步的認識。這一切情形和他所希望的距離太遠了，他對政治絕

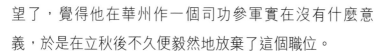
望了，覺得他在華州作一個司功參軍實在沒有什麼意義，於是在立秋後不久便毅然地放棄了這個職位。

這在杜甫個人的生活上是一個大的變動，他從此不但遠離了他十幾年依戀不捨的長安，並且和他深愛的故鄉洛陽也永久別離了。相州敗後，河南騷亂，杜甫不能回洛陽老家。這時，由於他的姪兒杜佐在秦州東柯谷搭建了幾間草堂，於是決定把一家人搬到秦州去住。

秦州即現在的甘肅天水，是隴右道東部一個重要的城市，位置在六盤山支脈隴山的西面。秦州自秦漢到唐代，是漢族和少數民族雜居的區域，每逢戰亂，不是被本地的土豪割據，便是被新興的外族侵入。自從唐代以來，開拓邊疆，深入西域，在隴右設置了都督府和州縣，開元時又建立朔方、隴右、河西、安西、北庭等節度使，鎮守邊疆，每年從內地運來大批壯丁和**繒帛**[①]，在這裏屯田牧馬，所以軍城烽火，萬里不斷。到安史亂起，隴西的精銳部隊都徵發東征，留兵單弱，防地空虛，給**吐蕃**[②]一個很好的入侵機會。

就在吐蕃的勢力向隴西逼近之際，杜甫到了秦州，他真切地感受到了情勢的嚴峻，於是，對大唐領土被吐

[①] **繒帛**：絲綢之統稱。

[②] **吐蕃**：中國古代藏族政權名。

蕃不斷蠶食的憂慮，陸續在杜甫的詩中出現。這一時期時代的苦難、對國家命運的擔憂、對百姓的同情都被杜甫以焦慮、憤怒的心情一一記錄在詩中。

這時辭官後的杜甫無工作，一家斷了生活來源，只靠姪兒和朋友的接濟，難以度日。在飢寒中，杜甫的身體更衰弱了，瘧疾頻頻發作，每隔一天就發高度的寒熱，他覺得自己身上的骨髓都在病中耗盡了。杜甫窮困到了如此的地步，但他的詩卻得到了意外的發揚。他在這半年內寫的詩流傳下來的竟有一百二十首之多。

杜甫在秦州居住不滿四個月，衣食不能自給，在走投無路之際，一位住在同谷（今甘肅成縣）的友人來信說可以幫他在同谷找到住的地方，而且當地盛產甘薯，可以充飢，山崖裏還有豐富的蜂蜜。於是杜甫決定離開秦州到同谷去。

同谷一帶險峯連綿，峽谷中黑森森的山石壁立，白慘慘的白雪鋪地。杜甫一家人艱難跋涉，跌跌撞撞，好不容易推到同谷縣。一看，大吃一驚，這裏是窮山惡水，哪有豐饒景象？當然，他們的生活更加艱難。他在同谷縣作歌七首，節短音促，形象地勾勒自己一家老小凍餒餓病的悲慘景象。在同谷停留了一個月，還是住不下去，聽說四川一帶境況較好，便起程入蜀。沿途山嶺

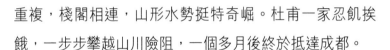

重複，棧閣相連，山形水勢挺特奇崛。杜甫一家忍飢挨餓，一步步攀越山川險阻，一個多月後終於抵達成都。

杜甫一家經歷的秦隴、川蜀這兩段路程都十分艱苦，杜甫給每一段路程都寫了十二首紀行詩，成為兩組，每組都有首有尾。這些紀行詩融匯了詩人艱苦羈旅的辛酸及在黑山惡水前的觸目驚心。

在這些詩中，後人知道，杜甫終日拾橡栗充飢，有時到山中找吃的，卻空手而回，兒女餓得只是啼哭；杜甫的三個弟弟都遠在東方，彼此不通消息，他的妹妹在鍾離（今安徽鳳陽縣）成為嬬婦，十年不曾見面；在荒城山湫間，白狐腹蛇出沒……

在杜甫的一生中，759年是他最窮困的一年，可是他這一年的創作，尤其是《三吏》和《三別》，以及隴右的一部分詩，卻達到最高的成就。這年杜甫四十七歲。

1. 為什麼杜甫能在最窮困的時期，創作出成就最高的作品？

2. 你對《三吏》、《三別》所寫的現實情況有什麼感想？

七 北望京華

　　759年底，杜甫到達了成都，於是，開啟了他生活中新的一章。成都草堂的日子可以説是杜甫晚年生活中相對悠閒的時光，雖然他還是缺衣少糧，生活貧困，但是和大自然的貼近驅散了他心中的愁雲，他學會了享受勞動之樂。

　　初到成都，杜甫暫時住在西郊院西溪寺裏，因為住在寺廟裏不是長久之計，所以他隨時都在留意其他可以棲身的地方。沒多久，他便在附近找到了一塊荒地，地方雖然不算太大，周圍也沒有太多人家，顯得有些偏僻，但是杜甫覺得這已經很好了，而且正好適合詩人獨居吟詩的雅致。沒有朋友幫忙，杜甫自己動手開闢了大約一畝地的地方，在一棵高大的楠樹下築起一座並不十分堅固的茅屋。經過兩三個月的經營，草堂在暮春時節落成了。不只杜甫自己欣慶得到一個安身的處所，就是飛鳥語燕也在這裏找到了新巢，從此這座樸素簡陋的茅屋便成為中國文學史上的一塊聖地，人們提起杜甫時，盡可以忽略了杜甫的生地和死地，卻總忘不了他在成都

的草堂。

這是760年，中原沒有平定戰亂，關內鬧着嚴重的災荒，杜甫卻結束了他十載困守長安、四年奔波流浪的生活，在這裏得到了一個棲身的處所。他離開了兵戈擾攘、動蕩不安的大世界，眼前只看到蜻蜓上下，蝴蝶翩飛，水上有圓荷小葉，田間是細麥輕花。他親身經歷了許多年的飢寒，如今暫得休息，於是自然界中的一切生物，都引起他的羨慕。他在這時期內寫了不少花鳥蟲魚、風花雪月題材的詩歌，不過，他並沒有因此而忘卻人民的苦痛。

杜甫的草堂是建在一棵相傳有二百年歷史的大楠樹下的。一天，狂風忽至，江翻石走，整棵大樹被狂風拔起，使草堂失去了遮風擋雨的屏障。又是一陣狂烈的秋風怒號，竟把杜甫的草堂頂上三重茅草都給捲走了，茅草有的掛在林梢，有的沉入塘坳。黃昏時風定了，墨雲又重新聚集起來，雨不住地下了一夜，屋裏漏得無一處乾土。在無眠的長夜裏，杜甫痛苦而又激憤地唱出了《茅屋為秋風所破歌》，他由自己的災難而想到天下流離失所的百姓：

牀頭屋漏無乾處，雨腳如麻未斷絕。

自經喪亂少睡眠，長夜沾濕何由徹？

安得廣廈千萬間，大庇天下寒士俱歡顏，風雨不動安如山！

嗚呼，何時眼前突兀見此屋，吾廬獨破受凍死亦足！

除卻驚天動地的暴風雨外，這田園裏也存在着一些病苦和憂鬱的事物，使詩人聯想到人民的病苦和憂鬱的生活。被刀斧砍伐的枯棕使杜甫聯想到人民被官家剝削得一物不遺，還有病柏和枯楠，本來都是正直而健壯的植物，一旦病老，便飽受鴟鴞①和蟲蟻的啃嚙。這些生物界中的病象，都使杜甫聯想到社會的病態，轉化為深有寓意的詠物詩。

這片杜甫最初從荒蕪中開闢出來的一畝大小的土地，依靠杜甫親身的勞動漸漸向四方擴展，茅亭旁有向外眺望的水檻，堂前栽種了四棵小松樹，堂內設置了桌椅。兩年工夫，他在清澈的溪旁建起疏疏落落的亭台，雖然簡樸，卻也略具規模。杜甫看着眼前的天地疏朗，就是有病的身體也感到輕快了。此期間他寫了許多詩，述說他閒散的生活。

由此也可看到，杜甫的作品題材其實很廣泛，他的

---

① **鴟鴞**：貓頭鷹。

詩歌也不盡是同當時的政治、社會問題相關聯的，那些描繪山水風光自然景物的詩篇，在他的詩集中佔了很大的比例。

在杜甫的草堂生活中，主要的不是休閒，而是辛苦的勞作，為了將草堂建得更加理想，杜甫經常需要像一個真正的農夫那樣辛勤地勞作，他常常手持小斧到林中去砍伐，不時被含有毒素的草木刺傷皮膚。

然而為了生計，杜甫有時不得不和另外一些人周旋。他的家庭雖然沒有在鄜州和同谷時那樣飢寒交迫，但是杜甫在草堂周圍耕種的農作物，仍無法養活他一家人，孩子們不時挨餓，面色蒼白。

初到成都時，杜甫仰仗一個故人分贈祿米，但一旦這位厚祿的故人書信斷了，他一家人就要挨餓。於是他不得不主動地給當地的達官貴人寫些奉迎的詩作，以求得一點周濟。杜甫有一首頗為有名的詩作，就是在這種情況下寫成的：

錦城絲管日紛紛，半入江風半入雲；
此曲只應天上有，人間能得幾回聞？

真正使草堂添加熱鬧的，要算嚴武了。嚴武是杜甫曾為之抱打不平而得罪了皇帝的房琯的同黨，原是巴州

的刺史，後入京為太子賓客，並任御史中丞，761年底被任命為成都尹，兼劍南川節度使。762年夏天，他到成都後，成為杜甫草堂最受歡迎的客人。他經常帶着小隊人馬，來到草堂拜訪杜甫，有時還攜帶酒饌，與杜甫開懷暢飲。杜甫也不時向嚴武就當地的管治問題進言，例如杜甫曾寫《說旱》一文，希望嚴武能夠親自審問獄中的囚犯，加以清理，除卻應該判處死刑的以外，其他的應釋放出來。

但好景不長，在玄宗和肅宗先後去世，代宗即位不久，嚴武被召入朝，離開成都，杜甫重又感到孤單。房琯一派的人顯然又受到了朝廷的重視，又有了抬頭的希望，因此杜甫也起了再回長安的念頭。

杜甫沒有想到的是，就在嚴武離開成都不久，成都御史徐知道便在成都兵變，蜀中道路阻隔，致使杜甫再次開始了他的流亡生涯。

知識門

刺史：
古代官名，州級行政長官。

御史中丞：
古代官名，原為御史大夫的屬官，御史大夫主要職責為監察、執法。但唐朝的御史大夫一職經常空缺，而以御史中丞代其職。

節度使：
古代官名，唐初於重要地區設的總管，後改稱都督，總攬數州軍事。玄宗天寶初，沿邊有九節度使，總攬一區的軍、民、財、政。

　　徐知道本來是成都少尹，兼劍南兵馬使，嚴武離開成都，他就把嚴武的官銜都加在自己身上，自稱成都尹和御史中丞劍南川節度使。徐知道趁成都空虛，派兵往北斷絕劍閣的道路，堵塞援軍，往西攻取邛州，去聯絡西南少數民族。他七月起兵，八月就被擊潰了，隨即被他的部將李忠厚殺死，叛亂時間雖然不長，但成都卻受到了很大的騷擾，混亂的狀況並不亞於安史之亂中的長安與洛陽。

　　徐知道發動叛變時，杜甫不在成都，正在綿州外遊，消息傳來，自然十分着急，草堂中的妻子兒女音訊斷絕，生死不明。後來，杜甫總算千方百計地回到成都，把妻子兒女接了出來，來到了東川的梓州（今四川三台）。

　　梓州是官吏們進京或入蜀的交通要道。那些地方官常常設筵迎送，杜甫也被邀陪居末座，寫陪宴送別詩，小心謹慎地侍奉那些達官貴人。這對於一個有着正直良心、同情百姓疾苦的詩人來説是多麼令人辛酸、傷悲的事情啊！

　　但為了生計，他也無可奈何，惟如此才可以免於飢餓，但這也正給了他遊山玩水的機會，使他可以更多地觀賞周圍的山水風景，使他這一時期的山水詩歌充滿

寫實的意境，很少有庸俗的山水詩中所謂山林隱逸的氣
氛，出現了許多生動描繪美麗的自然風光的名句，例如
「碧瓦朱甍照城郭，樓下長江萬丈清」、「一川何綺
麗，盡日窮壯觀」等。

762年10月，代宗長子李適為兵馬大元帥，仰仗回
紇的兵力，攻克了洛陽。763年正月，在諸路唐軍的夾擊
下，叛軍史思明的兒子史朝義自殺身亡。歷時八年之久
的安史之亂終於平定。

杜甫遠在梓州，聽說收復河南河北，一時驚喜若
狂，覺得從此可以不在異鄉流浪，國家有望統一，人民
又可安居樂業，自己也有希望回到久別的故鄉洛陽了，
便脫口唱出一首名詩《聞官軍收河南河北》，把他多年
來胸中的鬱結都發洩出來了：

劍外忽傳收薊北，初聞涕淚滿衣裳。
卻看妻子愁何在？漫卷詩書喜欲狂！
白日放歌須縱酒，青春作伴好還鄉。
即從巴峽穿巫峽，便下襄陽向洛陽。

這是杜甫生平第一首快詩，表現了詩人聽到捷報後
欣喜若狂的心情，從中我們可以看到杜甫始終將自己的
喜怒哀樂與國家命運緊緊相連。這首詩後來不知打動過

71

多少亂世中流亡者的心，不斷被後人歌誦。但是，杜甫的狂歡只是**曇花一現**①，國內混亂的局面並沒有隨着河南河北的收復稍為澄清，回紇比肅宗時代變得更為驕橫，這次杜甫還是沒能回到他的故鄉洛陽。

想一想

1.《茅屋為秋風所破歌》表達了杜甫什麼樣的思想感情？

2. 杜甫為什麼要小心謹慎地應付那些他並不甘心侍奉的達官貴人？

---

① **曇花一現**：比喻稀有的事物或顯赫一時的人物出現不久就消逝。

八　幕府生活

　　房琯在758年6月被貶為邠州刺史，761年4月任禮部尚書，隨後又出任漢州刺史，763年4月被任命為刑部尚書，這是代宗即位後房琯、嚴武一派漸漸重新得勢的徵象。杜甫在這年晚春從梓州到漢州拜見房琯，不想房琯已經離開漢州往長安去了。誰知房琯走到閬州，便因病不能前進，八月四日死在僧舍裏。杜甫聞訊於九月從梓州趕至閬州，弔唁這位與他的政治生涯有着密切關係的同鄉知己。

尚書：

古代官名，尚書是指協助皇帝處理政務的重要官員。分為吏部尚書、禮部尚書、戶部尚書、工部尚書、刑部尚書、兵部尚書。

　　祭完房琯後，杜甫準備舉家東遊，於764年春攜妻子兒女到達閬州，以便從閬水入嘉陵江至渝州東下。這時，嚴武又被任命為成都尹，並重任劍南節度使，杜甫聽到這個消息後，極為振奮，「殊知又喜故人來」，成都草堂又在他的心中增加了份量，致使他立即放棄了既定的東遊行程，決定回成都去。

　　草堂一帶的風物又在他的腦海裏活躍起來，他一

口氣寫成五首七律寄給嚴武。在這五首詩裏他提到草堂內的擺設、堂前的新松、江邊的水檻,提到架上的書卷藥囊一定都被蛛網塵封,客徑荒蕪必定無從出入,惡竹也必定孳生得不成樣子,回到草堂後非要斬伐萬竿不可了;他更擔心舊日的鄰人不知還在不在,他們之間的友情不知還會不會延續下去……這五首詩寫得興奮而暢快,給這一年又九個月流離的生活作了一個快樂的結束。

當杜甫踏進久別的成都草堂時,映入他眼簾的,是一片目不忍睹的荒涼景象:滿地野鼠四處逃竄,打開書卷,裏邊是乾死的蟲子,水檻和藥欄也都傾斜破毀。不過令杜甫感到慰藉的是,四鄰的舊友都還在。他下工夫把草堂重新修整一番,很快,鷗鳥又在水上漂浮,燕子又在風中飛舞,草堂與兩年前相比,已經沒有什麼不同了。

杜甫本想像從前那樣在草堂住下去,過他的耕種生活,閒來與嚴武等老朋友把酒論詩。但是沒有過多久,他就投入到了一個與這種生活完全相反的環境裏。

764年6月間,嚴武推薦杜甫為節度使署中參謀、檢校工部員外郎。這也是後世稱他為「杜工部」的由來。這些對於杜甫可以說是一個很大的幫助,解決了他生活

的問題。

於是杜甫離開了草堂，住入了成都節度使署中，成為嚴武正式的**幕僚**[1]。

嚴武勵行改革，整頓軍容，試用新旗幟，大力訓練武士，力圖恢復淪陷吐蕃的松（今四川松潘）、維（今四川理縣）、保（今四川理縣附近）三州。七月，嚴武率兵西征，寫絕句《軍城早秋》，杜甫也用絕句相和。九月打敗吐蕃七萬，攻下當狗城，收復鹽川城，又命漢州刺史崔寧在西山追擊吐蕃，擴地數百里。

嚴武能詩善戰，屢敗吐蕃，收復失地，挽回西陲的頹勢，杜甫十分珍惜兩人之間的友情。而嚴武對杜甫亦十分敬重，很是關懷照顧。當年晚秋時節，吐蕃既破，杜甫在嚴武的幕中和他一起在北池眺望，在摩訶池泛舟，彼此賦詩，討論管治邊疆的許多問題，兩人的友誼得到進一步的升華。

與嚴武的初期合作是愉快的，但是杜甫對於這種幕僚生活也有他的煩惱。在唐代，幕府的生活是很嚴格的，每天都是天剛亮就必須入府辦公，一直到很晚才能離開，杜甫與嚴武雖然私交甚厚，但進入衙門任職後成

---

[1] **幕僚**：古代稱將帥幕府中參謀、書記等為幕僚。

為幕僚，得遵守衙門制度和上下級間的尊卑關係，因此不能例外。他因為家在城外，只好長期獨居府中。西川節度使署中的人事也十分複雜，那裏的文武官員因為中原變亂，無法生存，西蜀可以勉強維持生計，所以彼此都勾結阿諛，以保全自己的地位，對此杜甫很看不慣。杜甫這時已經五十二歲了，滿頭白髮，穿着狹窄的軍衣，擠身於那些互相猜疑、互相攻擊的幕僚中間，看不慣官場中的口是心非、勾心鬥角，內心充塞了難言的憂鬱，感到很不自在。

他一方面拘於幕府的規條過着呆板的生活，另一方面又被幕僚嫉妒攻擊，同時他的身體也漸漸難以支持，除了早年就患下的肺病、瘧疾外，這時又添了風痺。在幕府內坐久了，四肢就感到麻痺，十分痛苦。765年正月，他請求嚴武解除他幕府中的職務，讓他回到草堂，去過農人的生活。嚴武終於答應了他的要求。正當他回到草堂，過回耕勞自給的生活時，嚴武在四月突然去世。

嚴武一去世，杜甫便失去了生活上的重要依靠。此時，蜀中將領在嚴武去世後爭權奪利，政局開始混亂，杜甫已無心留戀成都，於是決心移家東去。

五月初，杜甫率領家人含淚告別草堂，乘舟東下，

再作新的漂泊。杜甫自從760年春在浣花溪畔建築草堂到這時只有五年半歲月，再減去梓州閬州的一年又九個月，他在草堂的居留還不滿四年，但他卻使這片地方成為了中國文學史上的一塊聖地。在這間小小的簡陋的草堂裏，產生了許多憂國憂民的著名詩篇，和許多具有田園風光的美麗詩歌。現今杜甫草堂已經成為了一個美麗的旅遊景點，許多中外旅遊者到了成都都一定要去憑弔草堂，感懷這位偉大的詩人。

想一想

1. 是什麼原因使杜甫放棄了既定的東遊行程，決定回成都去？

2. 從小渴望做官為國家効力的杜甫，為什麼辭去成都節度使署中的職位？

九 夔府孤城

杜甫在765年5月初乘舟東下，經過嘉州（四川樂山）、戎州（四川宜賓）、渝州（重慶）、忠州（四川忠縣），九月到了夔州（四川奉節）以西的雲安縣（四川雲陽）。這一路上他寫的詩不多，從一首《旅夜書懷》裏可以知道他此次旅途上的情形：

> 細草微風岸，危檣獨夜舟。
> 星垂平野闊，月湧大江流。
> 名豈文章著，官應老病休。
> 飄飄何所似？天地一沙鷗。

到了雲安，他便不能繼續前進了，因為一路上感受濕氣，肺病和風痺病發作，致使他腳部麻痺，需要休養。

杜甫在雲安住在一位嚴姓縣令的水閣裏，這水閣面臨大江，背靠高山，他躺臥在牀養了一個冬天，直到第二年的春天，才漸漸好了一些。這期間，他的心情很是悲涼，尤其是在春天，終日不斷的是杜鵑啼叫的聲音。

據蜀地的傳説，這種羽毛慘黑、啼聲淒苦的鳥是杜宇的化身。杜宇是蜀人古代的領袖，曾率領蜀人開墾田地，興修水利。後遭奸惡的臣子所害，死後化為鳥。一個英明的首領死後卻變成這樣可憐的哀鳥，引起杜甫無限的同情，所以他在成都時，每逢暮春聽到杜鵑的啼聲，便依從蜀人的習俗，起身再拜，表示敬意，如今他臥病旅中不能起來再拜，不覺便「淚下如迸泉」了。

嚴武去世後，西川發生動亂，刺史被殺，叛軍、官軍互相廝殺，外族又乘機入侵，這些軍隊對百姓都是同樣的殘暴，許多無辜的人民被殘殺，當地商旅斷絕，吳鹽運不進來，蜀麻也輸不出去。杜甫在雲安聽到這些消息，十分悲憤，寫成《絕句三首》，真實地記述了蜀中的混亂、人們流亡的情形。

這些詩的真實性，遠遠超過了當時其他史籍的有關記載。

這也是杜甫的詩被稱為「史」的原因所在，他的詩最大程度地描述了當時社會狀況，具有嚴肅的寫實精神。

後來杜甫的病漸漸減輕，晚春時才從雲安遷往夔州。夔州是三峽裏的山城，這裏的山川既雄壯又險惡，因此這期間杜甫所寫的詩，都喜歡用驚險文字描寫它

們。

　　杜甫在夔州接觸、了解到的風土野俗，也成為他詩作的新鮮題材。這裏的風俗是男子操持家務，女子出外幹活。山高水險，她們偏偏幹的又是重活，有的爬上險峯養家，有的去鹽井背私鹽糊口。再加上戰亂，許多女子因為男丁缺乏，到了四五十歲還沒有成親。人們不深究原因，只說她們面貌醜陋，所以找不到丈夫；杜甫卻反過來問：

　　若道巫山女粗醜，何得此有昭君村？

　　他看見峽中的男子，少數富有的駕着大船經商，大多數貧窮的終生充當勞苦的船伕。人們説這裏的人都氣量狹窄，只圖眼前的利益；杜甫卻反過來問：

　　若道士無英俊才，何得山有屈原宅？

　　夔州地處峽中，交通不便，杜甫與外界的來往較少，相對平靜的生活環境，讓他有相對寧靜的心境去細細回憶他的青年時代。他寫了不少長詩描述了他過去的生活。他寫的《壯遊》，從七歲學詩寫起，經過吳越齊趙的漫遊、長安時代、安史之亂，一直到滯留巴蜀，是一篇完整的自傳體詩歌。他寫的《昔遊》和《遣懷》，

講述了他和李白、高適的梁宋之遊與當時社會的狀況。在《往在》中，他把安史之亂以來歷史上的大事寫得淋漓盡致。他追憶長安往事，寫成《洞房》、《宿昔》等八首五律。這都是有組織有計劃的著作，成為回憶自己身經社會動亂往事的系列詩作。

他創作大型組詩《秋興八首》，將身歷的三個朝代編織進去，收放自如地把唐玄宗、唐肅宗、唐代宗三朝的盛衰興亡變遷之軌詩意化地表現出來。他不單是在勾勒歷史輪廓，而是以史鑒今，以求療救時弊。他無時無刻不在關注着國事政局。

此外在這些詩中有不少地方提到過去的生活：時而提到他在咸陽市上看到過巫峽的畫圖，時而提到壯年時遊獵的樂事，時而提到遊吳越時登過西陵古驛樓，時而在立春日想起兩京的全盛時代，時而回憶灞上的春遊，時而惦記洛陽的土婁莊……這些詩都成為了解杜甫生活的寶貴的材料，若沒有它們，後人幾乎無法知道杜甫在三十歲以前是怎樣生活的。

他還寫了八首長詩，懷念八個人物，集在一起，叫作《八哀詩》，其中有他欽佩的前輩張九齡和李邕，有逝世不久的名將王思禮和李光弼，有給他很大幫助的李璡和嚴武，有他最親密、彼此最沒有猜疑的好友鄭虔和

蘇源明。這八首詩無異於八篇傳記，獨具一格的有敍有評，構成那個時代的一幅人物譜。

在夔州期間，杜甫的身體時好時壞，瘧疾、肺病、風痺、糖尿病都不斷地纏繞着他，最後，一口牙掉落了一半，耳朵也聾了，幾乎成了一個殘廢的老人。就在這種情況下，杜甫在兩年內共寫了四百三十餘篇詩，佔流傳下來的他的全部詩歌的七分之二，而且其中不少是長篇，這是一個豐富的創作時期。

1. 為什麼杜甫寫的詩總是很悲傷而不是很歡樂的？
2. 杜甫晚年寫的詩歌有什麼特點？主要反映什麼內容？

十　悲劇結局

　　杜甫長年流落在外，最令他掛念的是他的四個弟弟：杜穎、杜觀、杜豐和杜占。杜占和杜甫在一起的時間較長，他曾經隨着杜甫從秦州到西蜀；杜觀、杜穎在山東；杜豐自從安史之亂後就留在江東。

　　767年，杜觀到夔州與杜甫會面，隨後回到荊州，他不斷地寫信給杜甫，勸杜甫出峽，杜甫因為夔州氣候惡劣，朋友寥寥無幾，生活雖可以維持，也不想在這裏久住，在杜觀的勸説下，便決定出峽，於是在768年正月中旬起程。

　　按照既定計劃，杜甫從白帝城放船，出瞿塘峽，經過險要的三峽。一路上，他在船上寫了四十韻，用五言排律一聯接一聯的對偶句，快速而跳躍地刻畫出船行景移的觀感。

三峽：

長江三峽的簡稱，包括瞿塘峽、巫峽、西陵峽。

　　自從安史之亂以來，關內人民大批逃蜀，洛陽以及鄧州、襄州一帶的居民則投奔江湘，因此湖北荊州顯現十倍於往日的繁榮。

　　可是當二月裏杜甫剛到荊州時，陝西商州兵馬使劉洽殺死防禦使殷仲卿叛變，方圓六百里的商于地區即時陷入混亂狀態，交通隔絕，等到八月，吐蕃進攻鳳翔，長安又受到威脅。這些事變都使杜甫不得不放棄北歸的計劃而暫留荊州。

　　杜甫在荊州的生活開始出現困難，原指望能得到一些朋友的幫助，但這些朋友都不富裕，所以他能夠得到的幫助很有限，生活一天比一天艱難，身體也一天比一天衰弱，他的耳聾越來越嚴重，客人與他交談時都必須把要說的話寫在紙上。他的右臂偏枯了，寫信需要由兒子代筆。

　　杜甫因為外形衰老貧窮，受盡幕府中官僚的冷淡，他有時去拜訪他們，扶杖步行，守門的差役不肯通報，就算見上了面也是盡遭冷臉和嘲笑。

　　他的生活在荊州不能維持，不久便遷居到湖北的江陵，又從江陵往南遷到公安縣，當時他寫的一首詩，生動地反映了他走投無路的困境：

> 更欲投何處？飄然去此都。
> 形骸元土木，舟楫復江湖。
> 社稷纏妖氣，干戈送老儒。
> 百年同棄物，萬國盡窮途。

從這詩句中，後人可以看到，此時的杜甫已經窮途末路了，而他的詩歌也唱到了最後的階段。這些詩說到自己的境遇時，已經沒有了多少高亢的聲音，只剩下日暮窮途的哀訴。雖然如此，杜甫還是沒有改變他詩人的本性，他說，他老年看花模糊不清，好像在霧裏觀看一般，但是他看見人民的痛苦，卻看得和從前一樣清晰。

杜甫到處碰壁，他甚至在陸地上再也沒有了安身的處所，從此以後他人生最後的那些歲月，都是在一艘小船上度過的。

不久，公安縣發生變亂，他們只好東下湖南岳陽。769年開春，杜甫的孤舟經洞庭湖入潭州，此時的杜甫百病纏身，靠出賣草藥來維持生活。

關於杜甫賣草藥，還有這樣一段有趣的傳說呢：

傳說杜甫在鎮子上開了一家中藥店，名叫「百草堂」。由於杜甫知道百姓的疾苦，不忍心多收他們的藥錢，所以他藥店裏的藥都賣得很便宜，只賺一點夠他自己維持生活的小錢。他這樣做雖然得到了大家的歡迎，但是卻得罪了其他藥舖的老闆。他們串通一氣，收買了衙門裏的小吏，叫他到荊南節度使衛伯玉那裏說杜甫的壞話，並說杜甫認為自己最有學問，不把節度使放在眼裏。

　　節度使聽了非常生氣，就決定報復杜甫。他開了張藥方，叫小吏去「百草堂」找杜甫配藥，並揚言如果他配不出藥來，就把他的藥舖砸了。

　　小吏拿着藥方來到「百草堂」，夥計們一看藥方，上面寫着「行運早，行運遲，正行運，不行運」十二個字，他們都糊塗了，這樣奇怪的藥怎麼抓呢？便把藥方拿給杜甫去看，杜甫一看，知道是有人故意捉弄他，便不慌不忙地抓了一片蘿蔔乾，一塊生薑牙，一顆鮮李子和一顆乾桃片交給小吏。

　　小吏撇撇嘴說：「你這算是什麼藥呢？」

　　杜甫指着蘿蔔乾說：「這蘿蔔乾，又叫『甘蘿』，甘羅十二歲就當了丞相，難道不是『行運早』嗎？」

　　他又指指生薑牙說：「這是『薑子牙』，姜子牙八十三歲遇到文王，是不是『行運遲』呢？」小吏點頭說是。

　　他又拿起紅皮李子，說：「這李子非常新鮮，剛上市，可以說是『正行運』吧？」

　　最後他說：「這乾桃片啊，經過霜打雪凍，入藥後，就不新鮮了，只能說『不行運』啦！」

　　小吏聽得發了呆，什麼話也說不出來了，只好跑回去稟報。衛伯玉聽完小吏的講述，自知不是杜甫的對

手，只好作罷。

後來，杜甫隨船漂泊，來到了湖南長沙。在這裏，杜甫有一次意外的相遇。

有一天，他在城邊蹣跚行走，竟遇見了多年老友、大音樂家李龜年。李龜年是唐朝宮廷裏的音樂機構「梨園」的首席樂師，因安史之亂而流落在此。據説他曾在筵席上詠唱王維的「紅豆生南國」和「春風明月苦相思」，聽到的人沒有不痛哭流涕的。

杜甫少年住在洛陽姑母家中時，多次聽到李龜年的歌唱，沒想到在長沙又能相見。故友重逢，百感交集，杜甫寫下了《江南逢李龜年》：

歧王宅裏尋常見，崔九堂前幾度開。

正是江南好風景，落花時節又逢君！

這短短的一首詩，道盡了詩人四十年後再見老朋友的無限感慨。《江南逢李龜年》成為杜甫晚年的代表作，也是他七絕的壓卷之作。

和老朋友李龜年相遇的短暫欣喜仍然掩蓋不住因為生活困頓所帶來的愁苦，命運依舊在無情地捉弄着這位飽經風霜的老人。

有一天夜裏，忽然城內火光沖天，湖南兵馬吏發動

兵變，潭州大亂，杜甫急忙攜帶家人駕船南下，到了衡州。他漂泊無定所，四海雖大，可是卻再也沒有一個容身的地方了。

在悶熱的船篷裏，他想起十幾年來的戰亂，人民有的死於寇盜，有的死於官兵，有的死於賦役，有的死於飢寒，有的死於勞苦……他把這些慘痛的親身經歷凝煉在一句五言詩裏：「喪亂死多門」。這五個字說盡了人民在戰亂中擔受的一切痛苦。

770年冬，湖南陷於戰亂之中，杜甫的孤舟沿湘江南下，想到湖南郴州投靠親友，誰知到達耒陽附近的方田驛，江水大漲，只得任由小舟在江中漂浮，四周汪洋一片，一家人竟然連續五日無粒米進肚，處於飢寒交迫的絕境，他的病情加重，倒臥在船艙中忍受着飢餓與寒冷的煎熬。

幸好一位姓聶的耒陽縣令得知消息後派人給他送來了一些食物，才使他免於餓死。但是水勢不退，杜甫無法前進，只好掉轉船頭北上重回衡州。待到水落了，那位聶縣令派人尋找杜甫，卻再也找不到他的蹤跡，以為他必定是在水漲時被大水淹死了，為了紀念這位詩人，在湖南耒陽縣北不遠的地方給他立了一座空墳。

事實上，杜甫被洪水阻住，不能南下郴州，只好改

變計劃北上，過洞庭湖去漢陽（今湖北武漢），預備沿
着漢水回長安去。但是，貧困與疾病已經使他沒有走出
湘江的能力了，從秋到冬，他的小船都只能在湘江上無
目的地隨水流漂浮着。由於長期的水上生活，風痺病加
重，他不能爬起身來，只能整天躺在船上，望着滔滔江
水暗自悲傷。

　　江面上風雨飄搖的悲涼景象，在杜甫的腦海裏激
起了萬丈波濤，一生曲折坎坷的經歷，引發他無數的感
慨和歎息，五十九年來所見過的青岸楓林、白屋水鄉、
祭鬼歌舞、傷心絲竹，歷歷往事，統統都浮現在他的眼
前，凝結成噴湧而出的詩句，奔走在他的筆下。在詩人
生命的最後一息，他寫出了一首三十六韻的絕筆長詩
《風疾舟中伏枕書懷》。

　　在這首絕筆長詩中，詩人那窮困潦倒、天涯孤客
的形象躍然紙上：「烏几重重縛，鶉衣寸寸針」、「羈
旅病年侵」、「行藥病涔涔」。他知道自己死期已經臨
近，對自己漂泊他鄉的命運以及瘡痍滿目的乾坤，他表
示了最後的哀痛。但是，詩人並沒有因此而忘記了國家
的災難，沒有忘記那些在戰亂中受盡苦難的百姓和死於
戰火的野鬼孤魂：

書信中原闊，干戈北斗深；

畏人千里井，問俗九州箴；

戰血流依舊，軍聲動至今。

……

寫完這首詩後，杜甫已是氣息奄奄，他再也拿不動他那寫盡民間瘡痍的如椽大筆，再也無力歌唱吟詠，再也無力為天下蒼生訴苦呼喊了。770年冬天，這位胸懷壯志、飽經憂患的偉大詩人，就在潭州與岳陽之間的湘江上的一扁漂流的孤舟上，停止了呼吸，走完了他坎坷傳奇的人生歷程。

寒風悲號，江水嗚咽，在刺骨的寒風中，五十八歲的杜甫帶着「朱門酒肉臭，路有凍死骨」的傷世遺憾，寂寞地告別了人世。

一顆光芒四射的巨星在無限的孤獨中悄然隕落！

杜甫告別人世後，留下了患難與共的楊氏夫人和謀生乏術的弱男幼女。家人無力安葬，只好把他的**靈柩**[①]寄殯於岳陽。更令人遺憾的是，他的詩當時受到許多人的冷落，在同代人所編的多種詩歌選集中，竟沒選入他一首詩。

[①] **靈柩**：即棺材。

　　四十三年後即813年，杜甫的孫子杜嗣業將他的靈柩搬運回河南偃師縣，移葬在首陽山下他最敬重的祖先杜預和杜審言的墓旁，並請著名詩人元稹給杜甫寫了一篇墓誌銘。這篇墓誌銘對杜甫評價很高，稱自有詩人以來，從沒有像杜甫這樣偉大的。如今，除河南偃師有杜甫墓外，還有湖南耒陽、平江和河南鞏縣也有杜甫墓。不論其真實程度如何，都寄託了後人緬懷杜甫的無限深情。

1. 杜甫臨去世前處於什麼樣的境況？

2. 你對杜甫的一生有什麼評價？

大事年表

公元	年齡	事件
712年		正月初一出生於河南鞏縣南瑤灣村。
715年	3歲	生母亡,寄養於陽建春門內仁鳳里姑母家。
719年	7歲	寫出第一首詠鳳凰的詩。
725年	13歲	開始出現在洛陽文壇上,與名流交往,談論詩文。
731年	19歲	開始吳越漫遊。
736年	24歲	自吳越回洛陽,參加進士考試,落第。 開始漫遊齊趙,與高適結交於汶上。後登廬山,寫出了《望嶽》、《登兗州城樓》等詩。
741年	29歲	結束十年漫遊生活,回歸洛陽後,與司農少卿楊怡的女兒結婚。
744年	32歲	與李白相會於洛陽,並與高適三人同遊梁宋。
747年	35歲	往長安應試,落第。

公元	年齡	事件
751年	39歲	路見御史四處捕人入伍，百姓妻離子散，激於義憤寫出第一首為百姓疾苦而作的詩歌《兵車行》。
755年	43歲	任右衞率府參軍，正值安史之亂，陷於奉先，寫下傳世名篇《自京赴奉先縣詠懷五百字》。
759年	47歲	往返於洛陽與華州，途經新安、石壕、潼關，觸目皆是老弱窮苦、荒涼混亂景況，作《三吏》、《三別》兩組膾炙人口的名篇。七月辭官攜眷西行入蜀。
760年	48歲	在浣花溪畔建草堂，結束了十載長安、四年流徙的動蕩生活，寫下不少抒懷的詩篇。
764年	52歲	重回成都任節度使署中參謀、檢校工部員外郎。次年攜家至雲安，肺病復發，棄舟登岸，離居雲安養病。
768年	56歲	正月離夔州出峽赴江陵、公安，入岳陽，舟近岳陽已近歲暮。次年繼續南行，流落衡州，衣食無着，以舟為家。
770年	58歲	仍居潭州舟中。4月入衡州避亂，江水大漲，船被阻，臥病舟中。暮秋自潭歸秦，仲冬死於岳陽舟中。

杜甫草堂

歷史：

　　杜甫為避安史之亂而流落到成都，建草堂居住，先後居住了將近四年，在此寫下大量詩作。杜甫離開成都後，草堂亦因日久失修而不存在了。

　　唐末詩人韋莊找到了草堂遺址，重新築建茅屋，宋、元、明、清時亦曾多次修復杜甫草堂。

現在情況：

　　杜甫草堂是國務院公布的第一批全國重點文物保護單位，1985年成立杜甫草堂博物館， 2008年更被國家文物局評為首批國家一級博物館。

　　現時的杜甫草堂佔地廣闊，建築典雅、園林秀麗，博物館內珍藏有中國歷代和國外出版的各種版本的杜甫詩，而重建的「茅屋景區」更重現了杜甫故居的田園風貌。

杜甫草堂

杜甫詩選讀賞析

春夜喜雨

好雨知時節，當春乃發生。
隨風潛入夜，潤物細無聲。
野徑雲俱黑，江船火獨明。
曉看紅濕處，花重錦官城。

語譯：

　　好雨就像知道什麼時候是適合的，在春天萬物重生時就降臨大地。細雨伴隨着春風在夜裏落下，默默地滋潤着萬物。郊野小路被烏雲籠罩着，只能看到江上漁船亮着的燈火。早上看看被雨水沾濕的花叢處，就會看到錦官城裏的花朵沾滿雨露盛放的美景。

賞析：

　　這首詩是杜甫在成都堂居住時寫的。這時杜甫過着耕種的生活，加上曾受久旱之苦，因此明白雨水的可貴。當他看見春夜降雨，便感到十分喜悦。

　　本詩從聽覺寫至視覺，由眼前景像想像明日的景色，更運用擬人、對比等手法，在描寫中流露出喜悦。

　　杜甫傳世的詩作有許多，你最喜歡那一首呢？請把它抄錄下來，並寫下你的感想。